W0271274

2008

Y en eso se fue Fidel

Iñaki Errazkin

Y en eso se fue Fidel

Txalaparta

EDITORES INDEPENDIENTES
ERA, México/*LOM*, Chile/*TRILCE*, Uruguay
TXALAPARTA, País Vasco
www.editoresindependientes.com

Portada y diseño colección: Esteban Montorio

Edición:
Editorial Txalaparta s.l.
Navaz y Vides 1-2
Apdo. 78
31300 Tafalla
NAFARROA
Tfno. 948 703934
Fax 948 704072
txalaparta@txalaparta.com
www.txalaparta.com
Primera edición de Txalaparta
Tafalla, enero de 2008

Copyright
© Txalaparta para la presente edición
© Iñaki Errazkin

Realización gráfica
nabarreria.com
Impresión
Gráficas Lizarra

I.S.B.N.
978-84-8136-511-5
Depósito legal
NA-0215-08

Txalaparta

A Chuchi.

A Arkaitz, Inés y Naia.

A Maider y Diego.

A Jorge y Antonio.

A Gilo y Carlo.

A Paca y José María, in memoriam.

Y a Fidel.

...Cuando la concepción del mundo no es crítica y coherente, sino ocasional y dispersa, se pertenece simultaneamente a la multiplicidad de hombres-masa donde la personalidad queda compuesta de manera extravagante. *Gramsci*

El mundo capitalista divide a los socialistas entre socialistas buenos y socialistas malos, y es un honor para nosotros estar entre los socialistas malos, los que no coquetean con fórmulas capitalistas.

Fidel Castro Ruz

Prólogo
Los socialistas malos

Estamos asistiendo a la tercera victoria de la Revolución Cubana. La primera fue, obviamente, la conquista del poder en 1959; la segunda, la superación del "Período Especial" a primeros de los noventa; y la tercera, el gran salto al continente americano (es decir, al mundo), que se está concretando en el establecimiento de relaciones cada vez más sólidas con Venezuela, Bolivia, Nicaragua, Ecuador, Argentina...

Tras casi medio siglo de implacable acoso por parte de la mayor y más sanguinaria potencia bélica de todos los tiempos, Cuba ha demostrado que el socialismo es posible incluso en las circunstancias más adversas, o lo que es lo mismo, que un pueblo cohesionado por la fraternidad revolucionaria es irreductible. Y de este modo Cuba se ha convertido en el gran referente y la gran esperanza de la izquierda mundial. De la verdadera izquierda, pues, como nos recuerda Fidel en la cita inicial del libro (que no podría haber sido elegida mejor), el mundo capitalista divide a los socialistas en buenos y malos, entendiendo por "socialistas malos" los que no coquetean con las fórmulas capitalistas.

Por eso casi todos, en el llamado Primer Mundo, atacan a Cuba; la derecha, de forma integral e implacable; la seudoizquierda (los "socialistas buenos", como ésos –éstos– que alternan el "talante" con el terrorismo de Estado), de forma solapada y vergonzante, reconociendo "algunos logros" de la Revolución Cubana pero lamentando que en Cuba no haya "democracia". Unos y otros saben que la resistencia de Cuba, el ejemplo de Cuba, ha echado por tierra el discurso neoliberal del "fin de la historia" y señala de forma inequívoca el camino hacia la superación de la barbarie capitalista; y unos y otros tiemblan ante este vigoroso anuncio de la desaparición de sus privilegios. Y por eso los pocos que no atacan a Cuba, en comprensible reacción a las brutales agresiones de los unos y la hipocresía de los otros, suelen mitificarla, amarla sin reservas, como para compensar el generalizado odio que suscita entre los privilegiados el heroico testimonio de la Revolución Cubana. A Cuba se la ataca sin cuartel o se la elogia sin medida: rara vez es objeto de una crítica serena y objetiva.

Por eso es tan importante, en estos momentos cruciales, un libro como éste, escrito por un "socialista malo" cuyo apasionado amor por Cuba no ciega sus ojos de periodista (que, por definición, es, o debería ser, un testigo objetivo) ni embota su pluma de crítico político. La verdad –toda la verdad y nada más que la verdad– es revolucionaria, y no se le hace ningún favor a Cuba, a su revolución, que es la nuestra, eludiendo verdades "inoportunas". La verdad sólo es inoportuna para quienes se sienten cómodos en la ocultación o la mentira, y, por desgracia, de ésos en Cuba, como en todas partes, hay unos cuantos. Las revoluciones las hacen, por definición, gentes nacidas y educadas en una sociedad enferma que era necesario subvertir, y no se puede pretender que, de la noche a la mañana (medio siglo, en términos históricos, es apenas un instante, el despuntar del alba), se conviertan en esos hombres y mujeres nuevos que propugnaba el Che. Los vicios y las falsas virtudes de la moral prerrevolucionaria siguen vivos en Cuba, y denunciar los errores –y las vilezas– es tan importante como consolidar los aciertos.

Este libro de Iñaki Errazkin levantará algunas ampollas dentro y fuera de Cuba; bienvenidas sean: las ampollas son feas y a veces dolorosas, pero constituyen un eficaz recurso del organismo para eliminar toxinas. Puede que algunos burócratas nostálgicos de la "desmerengada" Unión Soviética se revuelvan en sus sillones al leer estas páginas; pero los verdaderos revolucionarios, los "socialistas malos", las acogerán con entusiasmo, pues aunque no estén necesariamente de acuerdo con todo lo que en ellas se dice, sin duda lo estarán con su lúcida honradez y su insobornable apoyo a la Revolución.

Creo que no es casual que un libro como éste lo haya escrito un vasco, o, más exactamente, un veterano de la izquierda vasca. Que no se me malinterprete: no quiero decir con ello que no pudiera haberlo escrito cualquier otro tipo de "socialista malo"; pero creo que alguien que vive de cerca (desde dentro, mejor dicho) el llamado "conflicto vasco", puede estar especialmente capacitado para analizar la actual situación de la Cuba revolucionaria y valorar tanto su solidez como sus riesgos. Pues tanto en el caso de Cuba como en el de Euskal Herria, sus poderosos agresores se han estrellado una y otra vez contra un pueblo unido por una idea de patria que, más allá de su contenido mítico, remite a un irrenunciable ideal de libertad, puesto que es la negación de la negación de la soberanía nacional que supone el imperialismo. *Patria o muerte*, la consigna nacional de los cubanos, no significa sólo que quienes la asumen están dispuestos a morir en defensa de su soberanía, sino, lo que es más importante, que se dan cuenta de que si se renuncia a la propia identidad y al derecho de autodeterminación, no es posible vivir una vida digna de ese nombre. Y cuando los pueblos comprenden que el imperialismo es una consecuencia inevitable del capitalismo, que los "globalizadores" neoliberales intentan arrebatarles su identidad para poder arrebatarles todo lo demás, "patria" y "socialismo" se convierten en términos sinónimos. Así lo ha comprendido una buena parte del pueblo vasco y la inmensa mayoría del pueblo cubano.

La identificación de la patria con el socialismo, además de darle un nuevo sentido al "patriotismo" y augurar su superación, hace, por eso mismo, que se desvanezca la ilusoria oposición entre nacionalismo e internacionalismo. No es casual que los pueblos vasco y cubano sean tan sumamente hospitalarios: la solidaridad, por definición, es contagiosa y centrífuga; es demasiado grande para encerrarla en una casa o en un país, y el internacionalismo es su consecuencia natural. En un mundo libre, igualitario y fraterno, es decir, en un mundo socialista, habrá una única nación de naciones, y tantas naciones soberanas como grupos humanos se reconozcan en ellas. Los "socialistas malos" cubanos, como los vascos, con sus aciertos y sus errores, pero sobre todo con el ejemplo de su cohesión y su resistencia irreductible, nos señalan el camino hacia ese otro mundo posible, necesario, seguro.

Viva Cuba Libre y Socialista.

Gora Euskal Herria Askatuta.

Carlo Frabetti

Nota previa del autor

El ensayo que se disponen a leer está escrito con la intención de que pueda ser divulgado más allá de los habituales círculos de intelectuales o personas de amplia formación interesadas en el apasionante proceso de la Revolución Cubana. Es, digamos, un trabajo periodístico destinado a los hombres y mujeres no iniciados, que pretende abrirles los ojos a una realidad ensombrecida, cuando no ocultada, por los medios de comunicación occidentales (en el peor sentido del término), al conjunto de los cuales he denominado *Falsimedia*, recogiendo el neologismo creado por Antonio Maira, mi compañero de fatigas junto a Jorge López Ave en la dirección del diario digital *inSurGente*.[1]

No hallarán aquí palabras de millón ni conceptos complicados. La complejidad teórica de la revolución el pueblo la resuelve practicándola con sencillez en lo cotidiano. Aspectos que para nosotros son difíciles de imagi-

1. *http://www.insurgente.org*.

nar por habitar en el corazón del capitalismo más salvaje, los hombres y mujeres cubanos los disfrutan día a día desde hace casi cincuenta años. Con Fidel y sin Fidel, Cuba es libre porque es revolucionaria y es revolucionaria porque es libre.

Iñaki Errazkin

Andalucía, enero 2008

Introducción

Cuando el joven criollo Fidel Castro entró en La Habana al frente de las tropas revolucionarias, yo tenía poco más de dos años. Así, quien esto escribe sólo recuerda Cuba asociada al barbudo comandante que la liberó. Después, bien avanzada la adolescencia, llegaría la ideología y la comprensión de lo sucedido en ese país caribeño, la toma de partido y la identificación con el proceso socialista que continúa desarrollándose en él. Desde entonces, Fidel ha sido una referencia obligada para la mayoría de quienes pensábamos y seguimos pensando que es necesario subvertir el orden establecido en este planeta de las maravillas hasta conseguir otro mundo más amable, más justo y mucho más humano. Ahora, en su segundo año de convalecencia, amigos y enemigos de la Revolución especulan sobre el futuro de Cuba en ausencia del anciano Comandante.

Es seguro que Fidel va a fallecer, y probablemente más pronto que tarde, aunque sólo sea por razones de edad, al margen, ora de enfermedades terminales, ora de maléficos conjuros. Cuando el día llegue, sentiremos su muerte y lloraremos su ausencia física como si de la de un familiar querido se tratase. Fidel es algo nuestro y la revolución que comandó debería ser proclamada Patrimonio de la Humanidad, faro y guía de civilizaciones presentes y futuras, por los logros obtenidos y por los que, sin duda, ha de producir en el porvenir; también por el ejemplo que supone para millones de seres explotados, hombres y mujeres, eternos perdedores en la inevitable lucha de clases.

Por eso produce cierta desazón comprobar que no son pocos, en las propias filas de la izquierda, los que consideran que algo tan natural e inevitable puede suponer un escollo en el perfeccionamiento de un modelo social que sigue despertando esperanzas; en la profundización de una experiencia nueva y original que no merece ser cuestionada de tan burda manera. Porque si fuese posible que la desaparición física de su líder tuviera por sí sola la capacidad de acabar con la Revolución, viva y en marcha, sus enemigos habrían ganado por la mano la batalla de ideas. En ese escenario indeseable, el experimento cubano se nos mostraría inmensamente vulnerable; tanto, que sería la prueba palpable de que Fidel y todos los gobiernos revolucionarios que han dirigido el destino de Cuba desde enero de 1959 han fracasado estrepitosamente.

Y eso no es verdad.

Cuba es mucho más que una persona, por extraordinaria que ésta sea. Cuba es todo un pueblo, mayoritariamente comprometido con la revolución que lo elevó en solidaridad, en dignidad y en autoestima. Cuba es, moleste a quien moleste, un milagro político y social que comienza a traspasar fronteras –al menos, en el continente americano– pese a los malos tiempos de noche y niebla universales. Cuba es paradigma de obstinación histórica en seguir avanzando imparable por el camino elegido, a sabiendas de que es el menos malo entre los transitables. Porque Cuba no será la verdad absoluta, pero es absolutamente verdadera. Con sus muchos errores y contradicciones, que habrá que detectar, reconocer, corregir y resolver con energía y decisión, sin la menor concesión a la pusilanimidad y al compadraje.

Pero quienes se atrevan a juzgar a Cuba bajo la única perspectiva del preponderante Norte Occidental, americano o europeo, tendrán inevitablemente una visión deformada de su realidad. No son –no pueden serlo– escenarios homogéneos. Los avances sociales de Cuba sólo se comprenden si se compara la calidad y el nivel de vida de toda su ciudadanía con la calidad y el nivel de vida de la inmensa mayoría de la población del resto de los países de su entorno geopolítico, tanto insular como continental, desde la República Dominicana, Haití, Jamaica, Bahamas, Belice, Nicaragua, Costa Rica, Guatemala, El Salvador, Honduras, Panamá... hasta Colombia o México. Todos ellos estados capitalistas que gozan del *label* de calidad democrática expedido por el Imperio.

La propaganda anticastrista, especialmente elaborada para ser consumida en el reino borbónico y en las repúblicas latinoamericanas, está consiguiendo hacernos olvidar que Cuba sigue siendo un país subdesarrollado. Pero lo es, y nadie puede creer seriamente que es posible alcanzar el pleno desarrollo económico y social en una república caribeña como la cubana sin garantizar previamente un margen de acción, un espacio libre ante la agobiante hegemonía política, económica, científica y tecnológica de un mal llamado Primer Mundo liderado por la bestia estadounidense. Sobre todo, en la situación de bloqueo que sufre desde hace cerca de cincuenta años.

Sin embargo, el mensaje *made in* USA –reproducido hasta la saciedad por las plumas y bocas de ganso de Falsimedia– de que la Revolución Cubana iniciará su cuenta atrás en el mismo momento en que el enorme corazón de Fidel deje de latir, está calando incluso entre quienes le deseamos la vida eterna de la que sólo pueden gozar las grandes obras.

En la otra orilla del charco atlántico se están produciendo acontecimientos que nuestros descendientes estudiarán en sus libros de texto y que el tiempo calibrará en su justa medida. Venezuela ha demostrado ya su alineación con el eje del bien y hay varios estados americanos en la lista de espera. Fidel, por su parte, ha cumplido con creces sus compromisos con la Historia, que no tiene que absolverle de cosa alguna. Somos, pues, los demás, en Cuba, en todo el continente americano y en el resto del mundo, los que tenemos en nuestras manos, intransferible e indelegable, la responsabilidad de encaminar nuestro futuro, que, por ser de cada uno de nosotros, es el de toda la Humanidad.

El amor y la simpatía por la Revolución Cubana me han impulsado a escribir este ensayo periodístico, cuyo propósito es doble: por un lado, advertir de los serios peligros que le acechan en el futuro inmediato, muchos de ellos de carácter interno, derivados de deficiencias corregibles que aquí se mencionan; y por otro, resumir sus paradigmáticas bondades, de la manera más objetiva posible y sin excesivos ditirambos. Para ello, he realizado una amplia selección de noticias recientes de agencias ajenas al circuito mediático del sistema que, si bien llegaron en su momento a todas y cada una de las redacciones de todos y cada uno de los medios de comunicación planetarios, nunca fueron publicadas, salvo en los casos excepcionales de rigor, tan dignos como anecdóticos. Espero sinceramente que su lectura les acerque más, si cabe, a Cuba, un paisito alegre y combativo que, con Fidel o sin él, con Raúl o sin él, seguirá avanzando hacia el socialismo porque la inmensa mayoría de sus habitantes tiene claro que la alternativa, como bien nos advirtió Rosa Luxemburgo, es la barbarie.

El camino cubano hacia el socialismo

Hace algunos meses, mi buen amigo Darío Machado –eminente intelectual cubano con el que compartí casa, comida y andanzas durante un par de inolvidables semanas en el invierno de 1995–, en su respuesta a un artículo del profesor Heinz Dieterich,[2] afirmaba que en Cuba «el socialismo es realidad, es ideal y es experimentación, es todo eso simultáneamente», y recomendaba a Dieterich que no vacilara en decirlo porque «Cuba es socialista (...) en muchos aspectos y todavía no lo es en otros, es una sociedad que lucha por realizar el socialismo, por avanzar en esa dirección, y lo hace en medio de enormes dificultades, pero no debería olvidar algo elemental: para mejorar el socialismo, lo primero es tenerlo». Tiene razón Darío. Cuba es socialista en muchos aspectos y pretende serlo en muchos más. Al contrario de la Unión de Repúblicas Socialistas Soviéticas, que lo fue en muy pocos, y cuya desaparición fracturó la columna vertebral de la economía

2. Darío Machado: "En respuesta a Heinz Dieterich", *Rebelión*, 14-07-2007.

cubana, abocando a la isla a una situación límite, de indescriptible y forzada austeridad, que fue denominada por el Gobierno «Período Especial en Tiempo de Paz», período especial que, aunque atenuado, sigue vigente a día de hoy, como nos recordó el presidente en funciones Raúl Castro en su discurso del último 26 de Julio.[3]

Las repercusiones de esta indeseable y dramática circunstancia de la historia de Cuba sobre la moral y la confianza en el futuro de sus habitantes, aunque son indudablemente negativas, no han podido terminar con el sistema socialista que, afortunadamente, sigue vivo, en pie y en marcha. Y esto fue y es así gracias, precisamente, a Fidel y al pueblo cubano, los dos sujetos de este ensayo. Porque fue Fidel, convenientemente asesorado por los expertos de la Comisión de Asuntos Económicos de la Asamblea del Poder Popular que ahora preside el diputado Osvaldo Martínez –un hombre verdaderamente interesante, con la cabeza muy bien amueblada, como tuve la oportunidad de comprobar en una gira que hicimos por el reino borbónico hace un par de años junto a Ricardo Alarcón y Fernando Remírez de Estenoz–,[4] quien se adelantó a la crisis de la URSS implantando sabias y oportunas medidas encaminadas a lograr la implicación social en un plan general de ahorro. Y como fueron bien explicadas, el pueblo las comprendió, las asumió y las llevó a cabo, haciendo de la austeridad un nuevo frente de lucha popular en defensa de la conservación de los logros obtenidos durante las décadas anteriores y de la propia Revolución, verdadera madre del proceso.

La conciencia patriótica de los cubanos, hombres y mujeres, su orgullo nacional, es otra de las claves de la supervivencia de la experiencia que se desarrolla en la mayor de las islas antillanas desde el 1 de enero de 1959. Decía el destacado escritor italiano Carlo Frabetti, presi-

3. Discurso pronunciado por el presidente en funciones Raúl Castro, en el acto del 54 aniversario del asalto al cuartel Moncada, Camagüey, 26 de julio de 2007.

4. Jefe del Departamento de Relaciones Internacionales del Comité Central del Partido Comunista de Cuba.

dente de la española Asociación Contra la Tortura y miembro fundador de la Alianza de Intelectuales Anti-imperialistas, a quien desde aquí agradezco profundamente el prólogo que ha hecho de este libro, que «el orgullo nacional sólo es comprensible y lícito cuando alguien niega, atropella o desprecia tu identidad y tu cultura, es decir, cuando es un orgullo defensivo y no ofensivo».[5] Es el caso del pueblo de Cuba que, alejado en su conjunto del chovinismo y animado por el ejemplar comportamiento de la mayor parte de la militancia del Partido Comunista de Cuba ante la nueva situación de emergencia, fue capaz de enfrentarse a la crisis.

Desgraciadamente, y sin restar importancia al mérito descrito, la Revolución se dejó más de un pelo al cruzar la gatera del Período Especial, sobre todo en su primera etapa. Porque fue en esos años de tremendas carencias cuando afloró lo que el pensador marxista vasco Iñaki Gil de San Vicente llama «la otra economía»,[6] entendiendo por tal la búsqueda de salidas individuales para satisfacer las necesidades básicas diarias y que, como se ha dicho, minó parcialmente la moral socialista de algunos sectores de la población. La cosa no fue a más gracias al elevado nivel de concienciación de la ciudadanía, educada y formada en la igualdad de oportunidades y en la justicia social.

Por su parte, el Gobierno, consciente de la creciente picaresca, valoró que no era prudente atajar por las bravas unas prácticas que, siendo indeseables, se mantenían dentro de unos parámetros tolerables y no suponían aún un excesivo peligro para la colectividad, si bien en 1993 el propio Comandante en Jefe, Fidel Castro Ruz, advirtió *urbi et orbi* de que no se toleraría el surgimiento de una casta enriquecida, frase que en otro contexto repetiría en noviembre de 2005,[7] algunos meses antes de delegar sus

---

5. Carlo Frabetti: "Nacionalismo pelotero", *inSurGente*, 15-07-2006.

6. Iñaki Gil de San Vicente: *Cuba*, 2006.

7. Discurso pronunciado por el presidente Fidel Castro Ruz en el Aula Magna de la Universidad de La Habana, Ciudad de La Habana, 17 de noviembre de 2005.

cargos por enfermedad. Así, la moda de «resolver» se instauró como algo normal y corriente, consuetudinario, calando rápidamente entre la ciudadanía y convirtiéndose en una forma de vida. Cierto es, sin embargo, que esta nueva costumbre no se extendió con la misma intensidad por toda la isla, localizándose sobre todo en los grandes núcleos urbanos, particularmente en los puntos neurálgicos de La Habana y de Santiago, donde se centraliza la mayor parte de los insumos y donde se da cita el grueso de los extranjeros que viajan a Cuba por turismo, para participar en ferias, encuentros, jornadas y congresos y, desde hace algún tiempo, también por negocios. Gil de San Vicente nos recuerda la similitud con el caso de la antigua Saigón, hoy Ciudad Ho Chi Minh, que no se corresponde en absoluto con el resto de Vietnam: «los barrios turísticos de La Habana y de Saigón son los receptores de lo peor de los coletazos del capitalismo en estos países».[8] Hasta las pequeñas empresas se sirvieron de este método para cubrir sus previsiones productivas, desvistiendo a un santo para vestir otro, lo que antes o después terminaba de modo indefectible en un desfavorable balance contable. El asunto no es baladí, porque, por un lado, aunque la economía cubana ha mejorado bastante, estas prácticas se mantienen a día de hoy, y por otro, se desbarató la eficacia conseguida tras muchos años de planificación táctica y estratégica en función del trabajo en equipo, con criterios fundamentales como la coordinación y la colaboración entre trabajadores y departamentos. La nocividad de este extendido *modus operandi*, efecto de la coyuntura adversa y de la consiguiente suma de urgencias y desesperanzas, quedó patente al demostrarse que era incompatible con los principios éticos que el Gobierno se esforzaba en inculcar.

Al haber sido durante décadas un referente, el estrepitoso *desmerengamiento*[9] –como lo calificó Fidel– de la

8. Iñaki Gil de San Vicente: *Cuba*, 2006.

9. Discurso pronunciado por el presidente Fidel Castro en la Clausura del IV Congreso de los CDR, Teatro Jesús Garay, Guanabacoa, Ciudad de La Habana, 26 de septiembre de 1993.

URSS conllevó de alguna manera la crisis del socialismo cubano a pie de calle, al menos en cuanto al modelo a seguir, y aunque la debacle no afectó al alma de la Revolución, sí se resintió su cuerpo. Iñaki Gil de San Vicente constata consecuencias negativas en cinco aspectos fundamentales: «En las llamadas "relaciones de intercambio socialista"; en su definición de la propiedad estatal, de la propiedad cooperativa y de la propiedad individual; en su definición de la política económica entera; en su definición de los poderes de los trabajadores en la administración de las empresas; y por último y como síntesis, en los efectos de estas tres quiebras repentinas en la definición oficial de socialismo, bastante condicionada por la dogmática soviética».[10] Para comprender mejor la situación creada hay que tener en cuenta que una gran parte de los cuerpos administrativo, científico, político y militar, había sido formada tradicionalmente en la URSS y en algunos otros estados vinculados estrechamente a ella. Así, el impacto teórico producido en tantos y tantos cuadros rayó en la orfandad colectiva, viéndose agravado por vivirse un momento crítico inédito y sufriendo, además, una bestial agresión externa diseñada y dirigida por los Estados Unidos de América. Como no había tenido lugar en treinta años debate alguno sobre la conveniencia de aplicar o no en Cuba otras corrientes marxistas que no estuvieran influidas por el estalinismo, el vacío creado fue importante, pero el aparato del Partido Comunista cubano consiguió limitar su incidencia, que no se llegó a sentir prácticamente, salvo en sectores muy concretos, evitándose así males mayores. Sin embargo, sí se discutió sobre si añadir la propiedad privada de fuerzas productivas a las tres existentes (estatal, cooperativa e individual). Como nos recuerda el dirigente de la izquierda vasca Joseba Álvarez Forcada,[11] «los defensores de esta cuarta propiedad insistían en que ésta debía estar "vigilada" por una profundización y extensión de la democracia socialis-

10. Iñaki Gil de San Vicente: *Cuba*, 2006.

11. Joseba Álvarez Forcada: "Cuba, mucho más que un símbolo", *Gara*, 28-08-2006.

ta, de los poderes controladores del Estado, etcétera, de la iniciativa popular para impedir que se fortaleciera el peligro de una incipiente formación de una casta superior que podría, con el tiempo, constituirse en clase burguesa. Una especie de NEP[12] a la cubana con todos los riesgos que ello acarrea».

Hay quien sostiene desde la crítica marxista, constructiva y leal a la Revolución, pero muy alejada del estalinismo preponderante, que, pese a los esfuerzos realizados en detectar y rectificar políticas erróneas, se perdió entonces una inmejorable ocasión para haber debatido sobre «la redefinición y adaptación del concepto de socialismo en las condiciones mundiales y cubanas de finales del siglo XX». Sea como fuere, ese arroz ya se pasó. Estamos inmersos en el octavo año del siglo XXI y las redefiniciones y adaptaciones, siempre que sean para bien, hay que ajustarlas al siglo en el que vivimos y en el que moriremos los cerca de siete mil millones de habitantes que compartimos el planeta. Burocracia y autocrítica no suelen coincidir en tiempo y espacio. Así, una vez más, triunfó el dogmatismo y se eludió afrontar la necesidad de renovar el socialismo, manteniendo su caracterización táctico-estratégica pero sin huir de las lógicas y requeridas actualizaciones, como habría sido lo ideal. Porque, si bien es cierto que la crisis de 2002 obligó a los dirigentes cubanos a reflexionar a calzón quitado sobre el modelo socialista aplicado en la isla, la coyuntura de penalidades ya descrita y la falta de entusiasmo y de colaboración de los burócratas enquistados en las estructuras del Estado impidieron que la buena voluntad del Gobierno fructificase en la necesaria apertura ideológica, incorporando otras opiniones y, en definitiva, superando el oneroso lastre dogmático.

Con todo, entonces como ahora, la democracia directa funcionó de manera admirable, particularmente en las empresas afectadas por la crisis sufrida, la peor desde

12. Siglas de *Novaya ékonomitcheskaya palitika* (en ruso, Nueva Política Económica).

la que llevó a Fidel a establecer el Período Especial en Tiempo de Paz. El hecho es más que notable si se tiene en cuenta la conjunción de adversidades, pues no hay que olvidar la importantísima disminución del flujo del turismo hacia Cuba tras los atentados del 11 de septiembre de 2001 ni el impacto del huracán Michelle que arrasó parte de la isla dos meses después y que se ensañó con la zafra azucarera. Lejos de amilanarse, la sociedad cubana, animada por el Partido Comunista, inició entonces una profunda y generalizada discusión sobre el modelo económico vigente que concluyó con la asunción de gobernantes y gobernados de la imperiosa necesidad de que el Estado recuperase su papel centralizador, terminando así con la descentralización económica producida por las medidas de emergencia tomadas por el Gobierno en los años anteriores, que habían dejado en manos de las empresas nada menos que dos tercios del total de las divisas entrantes. En el mismo sentido, Fidel y sus colaboradores, verdaderos expertos en la práctica del pensamiento lateral aplicado a la Política y a la Economía, vieron la necesidad de romper amarras con el tradicional rey de las divisas (léase el dólar estadounidense) y, consecuentemente, instauraron, con una osadía y perspectiva histórica envidiables, una moneda propia convertible: el CUC,[13] oficialmente paritario con el dólar USA. Desde la puesta en práctica de esta medida ejemplar, sólo el Gobierno de la República de Cuba –y nadie más que él– tiene la potestad de convertir el peso cubano a su libre discreción, atendiendo únicamente a sus necesidades, sin dependencias de organismos hostiles, mariachis de los Estados Unidos, como el Fondo Monetario Internacional.

La creación del CUC ha supuesto para la economía cubana un importantísimo salto cualitativo, con el valor añadido de haber servido de ejemplo paradigmático de cómo es posible vivir (bien) y organizarse (mejor) en sociedad al margen de la lógica capitalista. Sin su peana de

13. CUC: Siglas en inglés de Peso Convertible Cubano.

santo omnipotente –y, todo hay que decirlo, con la imposición de un gravamen del 10% a quien quiera usarlo en sus transacciones–, ahora el dólar representa apenas la cuarta parte del total de divisas que ingresan en la isla. De un modo tan sencillo como original, Cuba ha conseguido vencer nuevamente a su ancestral enemigo estadounidense, aumentando, si cabe, su cota de soberanía y de libertad. El espacio dejado por el dólar fue ocupado inmediatamente por el euro, su rival del viejo continente –y, en menor medida, por el dólar canadiense–, aunque el gobierno cubano se reserva en todo momento el derecho de manejar cualquier moneda extranjera, además de las citadas, para desgracia (merecida) de los no poco numerosos aprovechados que hacían su agosto acumulando dólares, lo que está teniendo efectos pedagógicos entre la población, que ha multiplicado por tres la utilización del CUC y en cerca de un 40% el uso de los pesos cubanos. Otra gran beneficiada de la medida ha sido la solvencia crediticia internacional de Cuba, que es en este momento el octavo país menos endeudado de América Latina pese al tremendo castigo al que la tienen sometida los Estados Unidos desde hace casi cincuenta años. Por otro lado, no podemos obviar el acierto que ha significado el compromiso de Fidel (y el de su equipo dirigente) con las tecnologías más sofisticadas y, en general, con la producción científica, que supone ya cerca del 60% de los ingresos de la balanza comercial de la patria de Martí. Y no piense quien esto lea que tomo el nombre de don José en vano, pues sus enseñanzas sobre la solidaridad están presentes en muchos de esos productos, tanto materiales como técnicos y espirituales, que, en gran parte, están destinados a paliar las necesidades de otros pueblos empobrecidos. La exportación de cuidados médicos es un claro ejemplo de ello.

La nueva estrategia política, diseñada con el objetivo de encauzar la Revolución, pasa por sanear el cuerpo social en lo que se refiere al uso de los recursos públicos, concienciándolo para impedir el abuso y, en demasiados casos, la corrupción existente. Desgraciadamente (y al mismo tiempo, afortunadamente, pues ahora se puede actuar en consecuencia), el resultado de la última campaña auditora de empresas públicas desveló una pícara ingeniería contable que, por lo extendida, no puede ser calificada de anecdótica. Más del 40% de los balances supervisados dejaron mucho que desear y cerca del 10% habían sido lisa y llanamente falseados. Se detectó una gran cantidad de delitos, algunos de lesa gravedad, entre ellos la sustracción con ánimo de lucro de productos vitales como medicamentos o combustible. En este último capítulo, las cifras que se manejaron hablaban de unas pérdidas anuales superiores a trescientos millones de dólares. Ante tal panorama, Fidel denunció públicamente el riesgo que supone para la supervivencia de la Revolución la existencia de la lacra de la corrupción, advirtiendo de que el Gobierno la combatiría sin cuartel. Asimismo, el Comandante dio instrucciones para que se promocionasen la investigación, el desarrollo y la innovación (I+D+i) así como el ahorro de energía, consiguiendo en breve plazo resultados espectaculares. Sólo en el año 2005, el Producto Interior Bruto de Cuba aumentó en un 11'8%, las exportaciones lo hicieron en un 27'9% y las importaciones se incrementaron en un 36'4%. En el mismo plazo de tiempo, la producción industrial (excluida la azucarera) ascendió hasta alcanzar un 3'2% sobre la conseguida en 2004.[14]

Los trabajadores cubanos, hombres y mujeres, se han visto beneficiados del éxito de las medidas adoptadas, como corresponde a un país con una economía que pretende llegar a ser social. Los sueldos, por ejemplo, han aumentado sensiblemente, situándose el incremento del salario medio en torno al 13'56%; el de la pensión mínima de la Seguridad Social, en el 198%; y el de las prestaciones sociales, en algo más del 96%. No faltarán voces que, sinceramente o movidas por la insidia, opinen que el repunte descrito se debe exclusivamente a la protección del líder bolivariano Hugo Chávez y a los acuerdos alcan-

14. Todos los datos han sido extraídos de la web de la Oficina Nacional de Estadísticas de la República de Cuba: *http://www.one.cu/*.

zados con la República Popular China, peligrosamente instalada en el capitalismo de Estado. Quien así piense, yerra de medio a medio en su análisis del proceso cubano, pues, sin quitar importancia a las ayudas china y venezolana, es de justicia reconocer que la parte del león en la recuperación económica habida en Cuba en los últimos años se la lleva el gran esfuerzo realizado por la dirección del país insular y por la mayoría de su población que, hoy como ayer, siente la Revolución como la garantía de su bienestar.

Una de las originalidades de las relaciones comerciales de Cuba con otros estados soberanos sólo se puede comprender desde una óptica socialista. Me refiero a lo que Gil de San Vicente llama la «economía de la reciprocidad»,[15] basada en la ancestral práctica del trueque solidario, de la simbiosis internacionalista aceptada como moneda de cambio por algunos países de América Latina, África y Asia. Porque, pese a las falacias de la propaganda anticomunista y contrarrevolucionaria reproducidas una y otra vez por Falsimedia, el gobierno revolucionario no ejerce de gorrón ni actúa de modo pordiosero. Nunca lo ha hecho y no es previsible que lo haga en el futuro. Muy al contrario, siempre ha procurado corresponder a cualquier ayuda recibida del exterior, unas veces en dinero y otras en servicios sociales como medicina, magisterio e instrucción tecnológica. Ya han sido mencionados aquí los efectos negativos que tuvo en Cuba el estrepitoso derrumbamiento de la URSS y de sus estados satélites, asunto sobre el que no insistiré. Sí lo haré, sin embargo, sobre el otro factor histórico que tanto daño ha hecho –y continúa haciendo– a la economía cubana en general y a cada uno de sus habitantes en particular, hombres y mujeres, niños y ancianos. Me refiero, claro, al criminal bloqueo imperialista que los Estados Unidos ejercen contra la isla rebelde.

15. Iñaki Gil de San Vicente: *Cuba*, 2006.

Dada la compleja combinación de factores a considerar, resulta difícil para un periodista no especializado en Economía estimar el monto total de dinero que ha dejado de ingresar el erario público cubano en casi cincuenta años de sitio económico, pero, según las cifras oficiales publicadas por el gobierno revolucionario, podemos calcular que sólo las pérdidas directas ascienden a una cantidad cercana a los cien mil millones de dólares estadounidenses, a los que hay que añadir otros casi sesenta mil millones perdidos por actos de sabotaje y por productos que nunca vieron la luz, lo que supone una sangría que habría llevado a la bancarrota a cualquier país de características demográficas similares a las de Cuba con economía capitalista. El Ejecutivo de turno al frente del gobierno de los Estados Unidos, consciente de la penuria del pueblo cubano y del malestar generalizado provocado, intentó lesionar la Revolución promulgando leyes hostiles que fueron bautizadas con los apellidos de los políticos ponentes. Así, solamente entre los años 1992 y 1998, entraron en vigor las leyes Torricelli y Helms-Burton, además de muchas otras, igualmente perversas, que han tenido menor trascendencia en la opinión pública. La llamada Ley de Ajuste Cubano y las «medidas para favorecer la transición en Cuba» anunciadas en 2007 por George W. Bush, son los ejemplos más recientes.

El Imperio ha demostrado demasiadas veces que es implacable a la hora de poner en práctica sus decisiones, perjudique a quien perjudique y caiga quien caiga. Qué decir cuando el previsible objeto del perjuicio y de la caída es, precisamente, el enemigo al que pretende derribar. Bush, en su calidad de máximo exponente público de la gestión de los Estados Unidos, ha dado el visto bueno a perversas iniciativas agresoras diseñadas por expertos con el único afán de hacer aún más difícil la vida del pueblo cubano, con la esperanza de que éste se revuelva contra la dirección del país. La penúltima ha sido prohibir el envío de dinero y de productos de primera necesidad por parte de los cubanos y cubanas que residen en Estados Unidos a sus familiares y amigos de la isla, llegando, además, a limitar a una cantidad máxima ridícula lo que se les permite transportar como equipaje cuando viajan a visitarlos, en el supuesto de que consigan el pertinente permiso, cuya emisión también ha sido severamente restringida. Además de las empresas y particulares estadounidenses, ni las sociedades mercantiles del resto de países capitalistas ni sus propios gobiernos están a salvo del implacable castigo imperial en el caso de que decidan relacionarse comercialmente con Cuba, incluso si su "contaminación" es considerada indirecta por haber osado ejercer de intermediarios en cualquier tipo de transacción, lo que supone para ellos una ominosa injerencia y una permanente humillación. Bush ha dado así una nueva vuelta a la tuerca del vil garrote con el que amenaza e intenta someter a la díscola Cuba, impidiéndole proveerse en el exterior de productos tales como medicamentos especiales, *software* o algunas otras materias de primera necesidad, pese a lo cual, la buena dirección del país sitiado ha conseguido levantar su economía –circunstancia que se concreta, por ejemplo, en la mejora del suministro eléctrico–, reduciendo notablemente las interrupciones del fluido, que hasta hace muy poco eran una pesadilla cotidiana para la población.

Si bien es innegable que los cortes de luz han estado causados tradicionalmente por la dificultad impuesta para importar petróleo, no hay que ignorar la cuota de responsabilidad en tan incómoda situación de un anticuado parque energético, casi todo proveniente de la Unión Soviética, cuyo citado *desmerengamiento* implicó, además, el lógico cese de la fabricación de recambios, dejando a Cuba sin posibilidad de reparar ni de actualizar su maquinaria, entre ella su red generatriz. Por otro lado, y gracias a los acuerdos bilaterales alcanzados con la República Bolivariana de Venezuela, ha crecido sensiblemente el volumen de las reservas nacionales de crudo, lo que revierte favorablemente en el día a día de la castigada población cubana, sobre todo en lo referente a la normalización de los transportes, aunque el espectacular aumento de la circulación motorizada de personas y de mercancías inherente a la bonanza económica, hace aún más visible la carencia de vehículos nuevos o, al menos, en condiciones de uso. La falta de energía, cuando es recurrente, puede llevar a un país a una situación límite. De hecho, antes Fidel, ahora Raúl, y siempre sus inteligentes equipos de gobierno, conocen perfectamente este extremo y saben muy bien que las constantes interrupciones del suministro eléctrico y los recortes en la utilización de vehículos de motor son causa de insatisfacciones que, antes o después, sólo pueden acarrear problemas sociales de imprevisibles consecuencias, especialmente si el indeseable y reiterado hecho se añade al inmenso y palmario cansancio producido por la permanencia del racionamiento que se instauró hace décadas como medida provisional. El rasero, para mayor frustración ciudadana, lejos de ser universal, es muy diferente según las actividades del personal. Así, los buenos patriotas, hombres y mujeres, que siguen al pie de la letra las indicaciones de la dirección del país, soportando heroicamente la escasez y acudiendo diariamente a su puesto de trabajo, ven como tantos y tantos "descarados" –que han optado por el absentismo crónico de sus empleos y que se dedican a vivir de los turistas– manejan divisas a placer y se permiten un nivel de consumo similar al de las clases medias de los países capitalistas, lo que favorece la diferenciación social. Un observador sin mayor formación pero intuitivo resumiría la situación afirmando lisa y llanamente que hoy, en Cuba, los ciudadanos y ciudadanas comprometidos con el proceso revolucionario son castigados por la actual coyuntura, la misma que beneficia inmerecidamente a la legión de gentes insolidarias y sin conciencia socialista que sólo piensan en su salida individual. Estas secuelas restan legitimidad a la Revolución, mal que nos pese a quienes la defendemos con uñas y dientes dentro y fuera de la isla, pero es que, además, sirven de casuística a los contrarrevolucionarios de Miami y de fuera de Miami para argumentar en contra del proceso socialista. Es, pues, una contradicción estratégica que urge solventar.

Otro aspecto que afecta a un amplio sector de la población, que también genera frustración y que parece fácilmente subsanable, es el incomprensible empeño burocrático en dificultar la salida de la ciudadanía al extranjero, que hay que entender como fruto de una decisión política tomada al más alto nivel. Porque, si bien el gobierno revolucionario ha tomado medidas que facilitan el encuentro de las familias cubanas, eliminando –como norma general– el requisito que obligaba a los residentes en el exterior a pedir el correspondiente permiso para viajar a su país, no sucede igual con los más de once millones de cubanos, hombres y mujeres, que viven en la isla. Éstos continúan debiendo solicitar un permiso, conocido como "tarjeta blanca", que es condición *sine qua non* para salir de Cuba y que tiene, además, un alto coste económico. Y no menos importante es el malestar derivado de una cuestionable política de comunicación que en nada ayuda a la necesaria confianza de la población en sus dirigentes y viceversa. En conversaciones privadas con varios altos cargos del organigrama gubernamental de la República de Cuba, todos han compartido mi preocupación por este asunto, aunque también me han expresado con claridad y contundencia lo dificultosa que ven su corrección a corto plazo. Incluso hay quien afirma que su Gobierno no tiene la menor intención de permitir que Estados Unidos introduzca en Cuba su caballo de Troya, ni en forma de partidos políticos ni en forma de medios de comunicación. Es una decisión muy lógica y comprensible dada la situación de permanente amenaza imperialista que sufre Cuba, sobre todo en lo que concierne al monopolio partidista del PCC, único garante institucional de la Revolución aquí y ahora. Sin embargo, cuesta aceptar como estructural la imposible pluralidad de fuentes informativas que la medida conlleva. Y ya se sabe que la transitoriedad, cuando se dilata en el tiempo *sine die*, se convierte, práctica y precisamente, en definitiva.

Orestes Martí, en una "conversación"[16] pública con Félix Sautié, recuerda los temas que más preocupan a la so-

16. Orestes Martí y Félix Sautié: "Dialogando", *Canarias Insurgente*, 13-09-2007.

ciedad cubana según una encuesta periodística realizada por la revista *Bohemia*[17] días antes de que comenzara la última sesión de la Asamblea Nacional del Poder Popular,[18] en la que se analizó la mayoría de ellos. Están ordenados en base a la importancia manifestada en las respuestas y son los siguientes:

1.– Dificultades con el transporte.

2.– Altos precios de productos y servicios a la población.

3.– Atrasos en el programa de la vivienda.

4.– Afectación en la calidad de los servicios de salud.

5.– Limitaciones en la oferta de alimentos.

6.– Insuficiente nivel de salarios y pensiones para enfrentar el actual nivel de gastos.

7.– Inestabilidad en el abasto de agua.

8.– Insuficiencias del sistema de educación.

9.– Poca calidad de la gastronomía y de otros servicios del comercio a la población.

10.– Necesidad de ampliar y fortalecer las ofertas de recreación.

11.– Avances de la Revolución Energética y problemas con el cobro de electrodomésticos y la tarifa eléctrica.

12.– Corrupción e ilegalidades.

13.– Recursos y pagos a los agricultores.

Como se ve, aunque los problemas se van resolviendo poco a poco, la lista de espera sigue siendo más extensa de lo deseable. Las medidas tomadas por el Gobierno han comenzado a fructificar y los resultados son patentes: los apagones han sido prácticamente erradicados y ha mejorado cuantitativamente el parque móvil estatal, habiendo aumentado considerablemente el nú-

17. *http://www.bohemia.cubaweb.cu.*

18. En referencia a la celebrada el 22 de diciembre de 2006.

mero de vehículos destinados al transporte de pasajeros y de mercancías, lo que ha ayudado a soportar el rosario de inclemencias atmosféricas que ha sufrido el Caribe en los últimos años y que también ha afectado a Cuba. Es inevitable, tratando sobre desastres naturales, hacer una digresión para comparar los comportamientos de los gobiernos de los Estados Unidos y de Cuba ante este tipo de emergencias, más o menos previsibles. El caos que produjo en Estados Unidos el huracán Katrina, que, como suele suceder en estos casos, afectó fundamentalmente a los ciudadanos más pobres, contrasta con la incuestionable eficacia de las medidas preventivas adoptadas por el Sistema de Defensa Civil creado por el gobierno revolucionario y con la organización y la solidaridad populares que, en Cuba, redujeron a la mínima expresión las consecuencias de aquel temible fenómeno atmosférico.

Un hecho cierto y comprobado a destacar es la constante mejora del nivel y de la calidad de vida de la población cubana, prioridad absoluta gubernamental demostrada incluso en los peores tiempos del Período Especial, cuando el inevitable cierre de muchas empresas no se reflejó en un aumento del desempleo como hubiese sido lo lógico en cualquier país del entorno capitalista. Pero, si bien el saldo final es nítidamente favorable a la Revolución, hay aspectos en el "debe" del libro contable del bienestar social, como los señalados por *Bohemia*, que necesitan ser solucionados con premura. Es el caso de los productos excluidos de la cartilla de racionamiento, que aún sigue vigente. Porque, aunque el poder adquisitivo de los cubanos ha crecido considerablemente en los últimos años –gracias, entre otras medidas, al incremento del salario social, de las jubilaciones y de las pensiones–, ello no es suficiente si no va acompañado de un aumento paralelo en la oferta de géneros. Ésta es, sin duda, una de las causas objetivas de la subjetiva falta de confianza en el futuro socialista de Cuba, que no remite, si bien se compensa en la isla con el hondo orgullo nacional que embarga a sus habitantes. Por otro lado, difuminado en parte el proyecto de socialización del país, cobró forma otra preocupante circunstancia, ésta relativa a la formación política de la juventud cubana. La práctica totalidad del claustro nacional de profesores, hombres y mujeres, había estudiado en universidades de la Unión de Repúblicas Socialistas Soviéticas, lo que, lógicamente, quedaba reflejado en la línea docente. Además, en la isla, la teoría marxista tiene grado de asignatura troncal, pero con la particularidad de que los materiales que se usan en las aulas no están revisados ni adecuados a la realidad cubana, sino que, más de dieciséis años después de la desaparición de la URSS, continúan siendo los de su dogmática Academia de Ciencias, tradicionalmente poco generosa con las corrientes de pensamiento no ortodoxas. Esa conjunción de factores ha llevado al grueso del alumnado a "pasar" del marxismo, lo que abre un nuevo frente que antes o después tendrá que ser abordado por la dirección del país.

Es menester tomar en cuenta lo descrito si se quiere llegar a entender en su justa medida tanto el emergente escepticismo como el aumento cualitativo de la corrupción que, aunque, como se ha dicho, no se puede calificar todavía de estructural, sí es lo suficientemente importante como para haber disparado las alarmas en la mismísima Jefatura del Estado, hasta el punto de que Fidel, unos meses antes de hacer público su relevo provisional por enfermedad, llamó a su pueblo a permanecer vigilante ante esta lacra que, de no detenerse, podría hacer más daño a la Revolución que el propio bloqueo yanqui.[19] Según fue saneándose la economía, y especialmente, después de que el turismo extranjero pasase a formar parte del paisaje habitual de los centros urbanos de las grandes ciudades, la picaresca se generalizó. La sisa, el pequeño hurto de insumos al alcance de la mano en el puesto de trabajo –hasta entonces cometidos con la intención de cubrir objetivos de eficacia o de productivi-

19. Discurso pronunciado por el presidente Fidel Castro Ruz en el Aula Magna de la Universidad de La Habana, Ciudad de La Habana, 17 de noviembre de 2005.

dad–, dieron paso al trampeo en la libreta[20] y al liso y llano robo para complementar la canasta familiar o para comerciar con ellos en el mercado negro y enriquecerse a la salud de papá Estado. Acaparar se convirtió en un verbo común, y vender de estraperlo, en una actividad habitual para muchos cubanos y cubanas. Dicen que, en este *mondo cane*, donde hay dinero todo tiene un precio. Todo, excepto el honor y la dignidad que, por definición, si lo tuvieran dejarían de ser tales. Cuba, por humana, no es una excepción a esta norma universal, y al haber mejorado notablemente el poder adquisitivo de buena parte de su ciudadanía ha aumentado proporcionalmente el número de aspirantes a formar parte de la nueva "pequeña burguesía socialista", aún en ciernes pero en franca expansión. La experiencia de la URSS es suficientemente ilustrativa como para no tomarse en serio la amenaza. Gil de San Vicente explica así lo sucedido en la Unión Soviética: «Tengamos en cuenta que en el socialismo realmente inexistente, se produjo una crisis de subconsumo al existir una subproducción que no satisfacía la creciente demanda facilitada por la acumulación de dinero sin circular. Mientras que en el capitalismo las crisis son de sobreproducción, es decir, que se produce más de lo que se consume, en la URSS ocurría lo contrario: que cada vez más población acudía al mercado negro para buscar lo que no encontraba en el mercado oficial, facilitando así el crecimiento de la casta preburguesa».[21]

Por eso es necesario resaltar la consolidación como corriente política de una minoría creciente de cuadros dirigentes que ven en la instauración de una nueva economía inspirada en el modelo chino de capitalismo de Estado la solución a los problemas de Cuba. Tan pragmática como peligrosa tendencia fue discutida por el propio Fidel en el Congreso sobre Karl Marx que tuvo lugar en La Habana en 2003. El Comandante en Jefe se mostró entonces partida-

20. Cartilla de racionamiento.

21. Iñaki Gil de San Vicente: *Cuba*, 2006.

rio de las ideas del Che, contrarias a la libre iniciativa de las sociedades mercantiles no controladas por el Gobierno, defendiendo públicamente el centralismo democrático del Estado, gestionado por el PCC, como único garante de la supervivencia y consecución del ilusionante proyecto socialista, siamés de la Revolución. El problema se plantea al constatar que el caldo de cultivo de esa corriente mercantilista radica precisamente en el seno del Partido Comunista de Cuba, donde nació y donde se desarrolla dividiendo a la institución dirigente en algo fundamental para el país: la estrategia que definirá las tácticas futuras, decisivas para la preservación de la ética revolucionaria y del socialismo como objetivo. No hay un solo ejemplo de Estado más o menos marxista que haya derivado hacia el llamado "socialismo de mercado" sin dejarse pelos en la gatera. Todos los que emprendieron ese viaje acabaron degenerando en auténticos patios de Monipodio donde los nuevos ricos, muchos de ellos familiares cercanos de antiguos líderes del comunismo oficial, campean ahora por sus respetos, ajenos a la lucha de clases o, peor, inmersos en la misma pero del otro lado de la barricada, alineados con la casta neocapitalista dirigente. Las lógicas e inevitables consecuencias de tanto posibilismo disfrazado de «necesario mal menor» no se han hecho esperar. Así, el pasotismo político se ha globalizado, adueñándose de arterias y meninges, sustituyendo a los jugos vitales que mantenían latente la confianza ciudadana en un mundo mejor, más amable, más justo y más humano. Con la prostitución elevada a la categoría de paradigma, el escepticismo se ha instalado en las conciencias y parece que tiene intención de quedarse. Es cierto que la carrera sin bridas ni estribos hacia el enriquecimiento personal de los más "adaptados", ha llevado a la radicalización de algunas pocas gentes de buena fe que no se rinden ante la evidencia de lo que sucede en sus países, pero la relación de fuerzas favorece a los nuevos burgueses que, por activa o por pasiva, cuentan con el apoyo de la Administración.

Los gobernantes cubanos conocen perfectamente el riesgo de degeneración que supone esta amenaza, por lo que es seguro que la combatirán del único modo posible: potenciando la democracia socialista tanto vertical como horizontalmente, implicando a toda la sociedad, al pueblo entero, desde los ministerios hasta el parvulario más recóndito. Con todo, no es la primera vez que suena esta alarma en los últimos cien años. Lenin lo tuvo claro y lo dejó escrito negro sobre blanco, lo mismo que Trotsky cuando explicó la conjunción de factores que favorecieron la instauración de la burocracia estalinista, y Mao Zedong, y Tito, y el Che y Fidel... Sin llegar, ni mucho menos, al extremo de lo que sucede en los países capitalistas, Cuba lleva más de una década sufriendo en su moral los efectos de la delincuencia asociada al ansia de dinero. La prostitución y el tráfico de drogas, por ejemplo, no habían supuesto problema alguno desde antes del triunfo de la Revolución, pero ya en la década de los noventa se observó un preocupante aumento de estas lacras sociales. Así, en el año 2008, se puede hablar de la existencia de dos clases distintas de ciudadanos: una, mayoritaria, honesta, trabajadora y colaboradora con las autoridades de la isla; y otra, minoritaria, insolidaria, absentista, que se enriquece fácil y rápidamente a manos llenas ante la perpleja mirada de sus buenos vecinos. Y si lo descrito define la palmaria división de la población civil, en el ámbito funcionarial hay que hablar de otros tres estamentos bien diferenciados, a saber: los burócratas, los críticos y los fidelistas, aunque la demostrada combatividad de Fidel Castro contra la burocracia hace que muchos de los funcionarios del PCC catalogados como críticos sean a la vez fieles seguidores del Comandante en Jefe porque, ante todo, son anti-burócratas.

Si fuera posible utilizar una escala de "ismos" para definir sociológicamente al pueblo cubano, se podría decir que es, en primer lugar y sobre todo, fidelista; después es socialista; luego, capitalista; y siempre, nacionalista –en el sentido soberanista que le daba Frabetti, de rechazo absoluto al imperialismo estadounidense–, pues es plenamente consciente de que su independencia nacional es el aval de su historia y la garantía sellada de su actual nivel de vida que, siendo mejorable, es infinitamente superior al que tendrían sin la Revolución, habida cuenta de su condición de país tercermundista. Así, los cubanos son fundamentalmente fidelistas, al tiempo que comienzan a desarrollar también una clara conciencia de pertenecer a la gran patria latinoamericana. Las razones de la difuminación de la ideología socialista en el bloque civil, además de encontrarse en lo señalado hasta ahora, hay que buscarlas en la avanzada edad de los cubanos –hombres y mujeres que consiguieron el triunfo revolucionario y su mantenimiento– que combatieron contra la dictadura y escribieron las páginas más nobles de la historia reciente de Cuba, que no les ha permitido trasladar suficientemente a las nuevas generaciones sus testimonios en primera persona de dignidad y de lucha, de custodios de las conquistas sociales inherentes a la Revolución de la que fueron artífices. Sólo el amor por la patria liberada, el orgullo nacional, ha llegado sin alteraciones al corazón del grueso de los jóvenes. En la ausencia de la transmisión de pedagógicas experiencias personales radica, pues, la naturaleza del peligroso escepticismo del que se advierte insistentemente en este ensayo y que, si se sabe aprovechar su inercia, aún es posible voltear transformándolo en compromiso e ilusión. Siempre habrá, desde luego, reductos de gentes obnubiladas por la propaganda capitalista, como pasó en la URSS y en los países bajo su influencia, que no dudarán en hacer de tontos útiles al servicio del enemigo imperialista. Frente a ellos han de estar, sin complejos, tanto la Seguridad del Estado como la propia población en su conjunto.

Lo mismo sucede con otro grupo, todavía residual pero sumamente nocivo por la tendencia a la expansión de su ejemplo infame: el de los delincuentes profesionales que no tienen escrúpulos en utilizar cualquier medio para obtener un capital que les puede ser muy útil en el hipotético caso de una transición a su soñado régimen capitalista en el que ellos, claro, formarían parte de la burguesía. Para hacerse una idea relativa de la importancia de este fenómeno difícilmente cuantificable, hay que recordar las auditorías, ya mencionadas, que cifraban en cerca del 10% del total las empresas acusadas de corrupción y en más del 40% el número de balances supervisados que dejaron mucho que desear. Obviamente, si extrapolamos estos datos al conjunto de la población cubana, el balance final de casos individuales ha de ser por fuerza bastante superior ya que al índice de personas implicadas en primer grado hay que añadir otras sin cuya colaboración no sería posible la corrupción. Fidel Castro se refirió a este problema con contundencia: «Hay, y debemos decirlo, unas cuantas decenas de miles de parásitos que no producen nada y reciben tanto como aquel que lleva en un cacharro viejo, comprando y robando combustible por todo el camino de La Habana a Guantánamo, a uno de esos jóvenes estudiantes que tuvo que viajar cuando las circunstancias del transporte son muy difíciles, y le cobra 1.000 pesos, 1.200, a lo largo de esas carreteras, tan llenas de baches en muchos lugares y faltas de señales que no pudimos terminar de hacer por diversas razones, por recursos que no teníamos, por incapacidades que no habíamos superado, por descontrol de los que administran o dirigen».[22] La definición realizada por el Comandante lleva a reflexionar sobre el hecho de que «unas cuantas decenas de miles de parásitos» es una cifra extraordinariamente importante en una isla socialista de características demográficas como las de Cuba si se observa que en los países de economía capitalista la clase burguesa no es proporcionalmente superior. Además, si se deja pudrir este guisado, el crimen más o menos organizado puede cobrar dimensiones insólitas ya que son legión los pequeños delincuentes –muchos de ellos sin conciencia de serlo– que se dedican al hurto y al trapicheo y que pueden pasar a mayores en cualquier momento.

22. Discurso pronunciado por el presidente Fidel Castro Ruz en el Aula Magna de la Universidad de La Habana, Ciudad de La Habana, 17 de noviembre de 2005.

En cuanto al otro estamento, el de los funcionarios del Partido Comunista, su hermetismo obliga a abandonar el rigor para instalarse en el rumor, por lo que no pretenderé analizar escenarios en absoluto fiables, aunque sí señalaré que las dos mil organizaciones de masas que componen esa red transmisora de directrices, consignas, quejas, etc., que es el Poder Popular, deberán abandonar la práctica vertical y aprender a operar en sentido horizontal, facilitando los debates y, sobre todo, trasladando fielmente a sus respectivos destinos las necesidades populares que dan sentido a su existencia. Por cierto, entre los rumores destaca el que asegura que la corriente favorable a la implantación en Cuba del modelo chino, lejos de haber sido derrotada, sobrevive cargada de salud en el seno del PCC y está avalada por algunos cuadros muy influyentes, alguno cercano al Comandante en Jefe. No obstante, como suele suceder en estos casos, otras filtraciones no oficiales desmienten este extremo de manera rotunda. Sea como fuere, es innegable la carencia de amenidad de la jerarquizada estructura cubana, tan monocroma como cualquier otra burocracia estatal de este planeta. Es seguro que Ernesto Guevara no hubiese soportado el asfixiante formalismo que viene de muy lejos. De hecho, hay muchos intelectuales de la izquierda internacional que opinan que una de las causas de la marginación del Che en la última etapa de su vida en la isla fue precisamente la constante crítica constructiva que realizó al respecto, y que quedó anulada por su posterior mitificación. En Cuba y fuera de Cuba, todos los aparatos políticos parecen cortados por el mismo patrón en lo que se refiere a su funcionamiento interno. Los responsables de las administraciones son opacos por naturaleza, a veces por formación y siempre por tradición. Están programados para ocultar lo que piensan y para expresar con ademán impasible lo que conviene en cada coyuntura, amparándose en la ambigüedad si lo consideran necesario. Ni una sola palabra más allá de lo políticamente correcto para los intereses de sus gobiernos. Nunca. Jamás. Ni siquiera Cuba se salva de esta norma, aunque, al contrario de lo que sucede en los estados con economías de mercado (abiertamente capitalistas o parapetados bajo la etiqueta de socialistas), está más que demostrado que los máximos dirigentes de la mayor de las islas antillanas son absolutamente incorruptibles. El axioma, desgraciadamente, no es aplicable a los cargos intermedios ni a los responsables de negociados en contacto directo con la población.

Sin embargo, dentro de los ámbitos político e institucional, se aprecia un ilusionante repunte de cuadros sinceramente revolucionarios, hombres y mujeres de bien en el pleno sentido del término. Se trata de personas que, por su edad, pertenecen a las nuevas generaciones, cuyos anhelos independentistas y socialistas están fuera de toda duda y cuya fidelidad al Comandante en Jefe y a su legado histórico es igualmente innegable. Algunos de los valores añadidos de este grupo humano destinado a regir los destinos de Cuba en el futuro son su receptividad ante las aportaciones populares y su conciencia martiana y guevarista, latinoamericana e internacionalista. En su ejemplo reside la esperanza de que el pasotismo político de una juventud envenenada por las marcas y anestesiada por la propaganda ideologicida de los enemigos de la Revolución sea convenientemente transformado en positivo. A ellos corresponderá a corto y medio plazo dirigir la dinamización de los necesarios debates en los que los jóvenes de las ciudades y del medio rural puedan expresarse con plena libertad, en la seguridad de que sus dudas, inquietudes y propuestas serán escuchadas, oídas y consideradas por los dirigentes del país, de su país, que por haber triunfado en él una revolución socialista no debe únicamente parecer diferente a los del entorno capitalista, sino serlo en el fondo y en las formas. Recogiendo el espíritu de las palabras del presidente en funciones Raúl Castro Ruz,[23] la variedad de los temas a tratar no debe tener límites. Todo en este mundo es discutible, y el marxis-

23. Discurso pronunciado por el presidente en funciones Raúl Castro Ruz en el acto del 54 aniversario del asalto al cuartel Moncada, Camagüey, 26 de julio de 2007.

mo, por definición, también lo es. Algo se intentó en el pasado reciente. Los estudios sobre Gramsci de la década de los años ochenta no cuajaron, pero en los noventa se insistió en la divulgación de sus teorías, y en una demostración de la buena voluntad aperturista del Partido Comunista de Cuba se desempolvaron los ensayos de Rosa Luxemburgo, poniéndose, incluso, las bases para una profundización en las últimas teorías de Karl Marx, como se pudo comprobar en el III Congreso del PCC. El sano y fresco viento que sopla sobre las organizaciones revolucionarias americanas, con las de Cuba y Venezuela al frente, ha posibilitado que muchos antiguos militantes cubanos que habían sido depurados por la burocracia educada en los manuales de la Academia de Ciencias de la URSS estén regresando a la actividad política popular, aunque sigan excluidos del Partido. Hasta los sectores más ciegos, sordos y mudos del PCC, que han permitido históricamente, por activa o por pasiva, la preponderancia de la burocracia en su seno, haciendo la vista gorda ante las purgas, se dedican ahora a la tarea de recuperar una a una a esas personas, que nunca dejaron de ser válidas, rehabilitándolas públicamente ante sus vecinos y camaradas y aprovechando sus capacidades.

Como se ve, las cosas están cambiando para mejor, y los principales impulsores de los cambios tienen nombre y apellidos. En primer lugar, Fidel, el máximo líder de la Revolución; en segundo lugar, su hermano Raúl, presidente en funciones de la República de Cuba en el momento de escribir este ensayo; y en tercer lugar y sucesivos, Ricardo Alarcón de Quesada,[24] Carlos Lage Dávila,[25] Felipe Pérez Roque,[26] Abel Prieto,[27] y tantos otros dirigentes que son conscientes de que no se puede poner puertas al campo, mucho menos cuando se pretende construir un mundo nuevo. El pueblo percibe estas cosas con claridad

24. Presidente de la Asamblea del Poder Popular (Parlamento).

25. Vicepresidente del Consejo de Estado.

26. Ministro de Relaciones Exteriores.

27. Ministro de Cultura.

y, consecuentemente, el fidelismo domina la sociedad cubana tanto dentro como fuera del Partido Comunista, pero muy especialmente en las dos mil células de base que forman el Poder Popular. La autoridad del Comandante en Jefe, ganada a pulso por su demostrada capacidad, por su fuerza dialéctica y por su profundo arraigo popular, es incuestionable e indiscutida en el tejido social cubano. Fidel, en activo o de baja por enfermedad, puede delegar en las personas de su confianza la práctica totalidad de las tareas de gobierno, pero a sus 81 años sabe que el hecho de que los ciudadanos cubanos sientan que «está ahí» ayuda a que mantengan viva la moral socialista. Por eso ha de jugar al ajedrez político –lo hace con auténtica maestría–, abriéndose paso entre todas las fuerzas que se mueven en el gigantesco tablero, evitando el temido zugzwang.[28] En casi medio siglo al frente del país ha desarrollado una intuición excepcional, en lo que al conocimiento humano se refiere, que le ha ayudado a elegir acertadamente los mejores, los más fieles y los más honestos colaboradores. Es plenamente consciente de que sus gestos van a ser filmados y observados con lupa; y sus palabras, grabadas, traducidas, transcritas y sometidas a mil y un análisis de amigos y de enemigos, por lo que improvisa muy poco y todo lo que expresa en público está perfectamente calculado con anterioridad. Hasta los lugares que elige para realizar declaraciones de importancia –todas las suyas lo son– obedecen a razones políticas. Especialmente ahora, durante los casi veinte meses que han transcurrido desde que comenzara la prolongada convalecencia que le ha apartado de sus cargos, se ha prodigado en proclamas y reflexiones que han sido difundidas por todo el planeta, manipuladas, como siempre, por Falsimedia, pero con la novedad de que se han podido conocer íntegras gracias a Internet y, más concretamente, a los medios alternativos digitales al servicio de

28. En el ajedrez, se dice que un jugador está en zugzwang si cualquier movimiento implica la obligación de realizar una jugada que provoca empeorar su situación, y de forma particular perder la partida.

la izquierda internacional. Ustedes encontrarán una selección de ellas en el Anexo II que acompaña a este ensayo y que he titulado "El blog de Fidel" recogiendo una idea de mi amigo Carlo Frabetti.

Los intelectuales progresistas –algunos cubanos, pero, sobre todo, extranjeros– que han hecho públicamente críticas más o menos constructivas sobre el actual modelo socialista que se desarrolla en la isla caribeña, vienen a decir que hay que diferenciar entre la lisa y llana mejoría de la economía –importante, pero simple– y el desarrollo pleno del socialismo –concepto mucho más profundo–, en el que animan a avanzar a los gestores de la Revolución. Entre los cubanos, hay que decir que fue la diplomática Soledad Cruz la que abrió el melón (siguieron sus pasos otros intelectuales menos conocidos como Pedro Campos), y en el extranjero, James Petras, Robin Eastman-Abaya y Pablo González Casanova han sido quienes han protagonizado los debates más sonados.[29] El propio Fidel salió a la palestra en su reflexión titulada "Los superrevolucionarios",[30] que pueden ustedes leer en el anexo citado.

Sea como fuere, parece que limitar la discusión a cuestiones económicas, reconociendo y celebrando los resultados habidos en la materia, no va a favorecer la evolución hacia lo que Ernesto *Che* Guevara definió como «el hombre nuevo». Sin rebajar en absoluto la importancia de los logros cuantitativos de la Revolución, hay que decir con Iñaki Gil de San Vicente, que «el socialismo debe medirse por su avance cualitativo, tanto más en un pueblo definitivamente condenado al subdesarrollo, que no es una breve etapa pasajera sino una condena a perpetuidad siempre que domine el capitalismo. La única forma existente para abandonar el subdesarrollo es el socialismo en una radical definición de superación histórica del

29. Los textos de Soledad Cruz, de Pedro Campos, de James Petras y Robin Abaya, de Pablo González Casanova y de Carlo Frabetti, se reproducen en el Anexo I de este libro.

30. "Los superrevolucionarios". Reflexión de Fidel Castro Ruz publicada en *Granma*, 04-09-2007.

capitalismo».[31] Desde esta óptica, cobran pleno sentido los fundamentales discursos pronunciados por Fidel Castro (17 de noviembre de 2005) y por Raúl Castro (26 de julio de 2007), alertando respectivamente del grave peligro que supone para la supervivencia de la Revolución la existencia de los "nuevos ricos" y del aumento de la delincuencia, y convocando a debatir abiertamente y en profundidad sobre los problemas que embargan a Cuba. «No se puede tolerar –Fidel Castro dixit– que muy poca gente se apropie de lo que es de todos, y que lo utilice para su enriquecimiento personal. No se puede permitir que muchas empresas obtengan los recursos casi gratis por estar subvencionados por el Estado y luego multipliquen sus costos al venderlos por precios desorbitados. No se puede consentir esa lacra». Y Fidel continúa: «Se habla de crítica y autocrítica, sí, pero nuestras críticas suelen ser casi de un grupito, nunca acudimos a la crítica más amplia, nunca acudimos a la crítica en un teatro. Si un funcionario de Salud Pública, por ejemplo, falseó un dato acerca de la existencia del mosquito *Aedes Aegypti*, lo llaman, lo critican. Yo conozco algunos que dicen: "Sí, me autocritico", y se quedan tan tranquilos, ¡muertos de risa! Son felices. ¡Ah!, ¿te autocriticas? ¿Y todo el daño que hiciste y todos los millones que se perdieron como consecuencia de este descuido o de esta forma de actuar? Crítica y autocrítica, es muy correcto, eso no existía; pero si vamos a dar la batalla hay que usar proyectiles de más calibre, hay que ir a la crítica y autocrítica en el aula, en el núcleo y después fuera del núcleo, después en el municipio y después en el país».[32]

Es el inteligente Fidel el que llama a la movilización popular para generalizar la crítica y la autocrítica, algo permanente en las corrientes marxistas que debían, deben y deberán enfrentarse a situaciones similares en su complejidad y gravedad. Sin embargo, es menester seña-

31. Iñaki Gil de San Vicente: *Cuba*, 2006.

32. Discurso pronunciado por el presidente Fidel Castro Ruz en el Aula Magna de la Universidad de La Habana, Ciudad de La Habana, 17 de noviembre de 2005.

lar la diferencia entre esta convocatoria a la movilización y la que hizo en su tiempo Mao Zedong, que dio lugar a lo que se conoce como "revolución cultural". A diferencia de aquella, que llevó a China a un cruento baño de sangre, ahora el Comandante asegura que se respetarán todos los derechos de la población, preservando las libertades conquistadas. Como era previsible, Falsimedia difundió únicamente los aspectos del discurso que más interesaban al capitalismo, extrayendo conclusiones del tipo: «La Revolución Cubana está en las últimas». Nada nuevo bajo el sol. Sin embargo, en esta ocasión tampoco el diario *Granma* –órgano oficial del PCC– intentó contrarrestar la manipulación, sumándose en parte a ella al censurar en sus páginas las referencias de Fidel a la corrupción. Hubo que esperar más de dos semanas hasta que la publicación en Internet del discurso íntegro del Comandante llevara a los responsables de *Granma* a reaccionar permitiendo su reproducción en un apartado *ad hoc* del periódico.

La anécdota no es baladí ya que lo normal es que el diario más leído en Cuba reproduzca inmediatamente los discursos de Fidel, alabándolos sin excepción, extractando sus ideas fuerza y exponiéndolas a los lectores como referencia obligada, por lo que es inevitable colegir la existencia de tensiones en el seno del PCC. Afortunadamente, Fidel tomó cartas en el asunto y, en enero de 2006, el texto íntegro de su polémico discurso fue editado en forma de cuaderno y sometido a debate en todos y cada uno de los centros de trabajo y en todos y cada uno de los Comités de Defensa de la Revolución. Ante lo sucedido, proliferaron entre la población cubana especulaciones de todo tipo, prevaleciendo el rumor de que el sector más inmovilista del PCC intentó evitar que trascendieran las críticas más fuertes realizadas por el Jefe del Estado, pero se vio obligado a ceder ante la fuerza moral de la mayoría fidelista. Nada hay menos cierto que ese rumor. La única verdad es que el retraso en la edición y distribución del discurso –de lectura imprescindible si se quiere comprender la actual coyuntura cubana– se debió, además de al inevitable lastre burocrático, a la difícil situación que sigue padeciendo la isla, donde ni las tecnologías ni la reserva de materiales tipográficos viven sus mejores momentos. Una explicación tan sencilla como real.

Conociendo la astucia de Fidel, hay quien asegura que lo sucedido bien pudo obedecer a un movimiento táctico del Comandante ajedrecista para inquietar a la legión de burócratas corruptos que esperan repantingados en los cómodos sillones de sus oficinas y despachos momentos más propicios para la consecución de sus reprochables propósitos. Como en la modalidad de caza con hurón, el hostigamiento dialéctico de Fidel Castro les habría obligado a moverse, a veces revelando sus taimadas posturas políticas contrarrevolucionarias, pues no se pueden calificar de modo más benigno. En todo caso, tiene razón Fidel: la corrupción es mucho más peligrosa que el bloqueo estadounidense por tener carácter quintacolumnista y es necesario poner toda la carne en el asador para erradicarla. En esa tarea imprescindible es seguro que aflorarán las contradicciones, como sucedió en el año 2006 en los intentos de terminar con el robo generalizado de combustible en las estaciones de servicio. El Gobierno creó una red de jóvenes voluntarios, militantes de la UJC, para sustituir de forma rotatoria a los empleados de las gasolineras con el propósito de evitar los constantes desvíos de gasoil y de gasolina a empresas privadas receptadoras, que ven crecer sus inmerecidas ganancias al mismo tiempo que favorecen el enriquecimiento y proliferación de los delincuentes que les suministran la mercancía robada al pueblo cubano, único propietario del erario público. La contradicción surgió a raíz del escaso tiempo de permanencia del voluntariado en cada una de las estaciones de servicio que contemplaba el plan. Así, en el afán de impedir que fueran corrompidos a su vez, a los jóvenes comunistas sólo se les permitió pasar una jornada de trabajo al frente de cada gasolinera, desplazándose forzosamente a otra al día siguiente. La drástica medida proporciona una idea de la magnitud del problema, pues demuestra que los propios dirigentes del Partido Comunista consideran más que posible el contagio de la delincuencia entre su militancia más ilusionada y menos maleada y, sobre todo, denota una preocupante falta de confianza en su propia vanguardia política juvenil destinada a regir el país en el futuro.

Otro caso destacable es el del puerto de la Ciudad de La Habana, donde la corrupción era *vox pópuli* en los últimos años. Todo el mundo sabía que de él salían a menudo, con absoluta impunidad, contenedores repletos de todo tipo de productos de importación –algunos de primera necesidad, sin cumplimentar la obligada declaración en la aduana y con destino desconocido–, que tras su almacenaje y clasificación aparecían a la venta en el mercado negro a precios imposibles para el poder adquisitivo de los cubanos honrados. Tan escandalosa era la situación que el Gobierno decidió cortar por lo sano desplazando al lugar unidades militares que controlasen los muelles, sometiendo a un exhaustivo examen cada uno de los camiones que abandonaba el recinto portuario. La medida fue efectiva, pues, por poner un ejemplo, se ha constatado una notable disminución del estraperlo de leche en polvo, incrementándose las existencias en las bodegas[33] y en los mercados legales a su precio normal, bastante más asequible. Se podrían poner muchos ejemplos más y muy variados, pues la corrupción es intersectorial, pero concluiré con uno que resultará familiar a quienes lean este ensayo en el reino borbónico, pues el Estado español es un auténtico paraíso terrenal para los criminales del ladrillo, léase responsables de sociedades mercantiles promotoras de viviendas, de locales comerciales y de garajes, en connivencia con cargos políticos municipales, autonómicos y estatales, doblemente delincuentes por haber sido elegidos por el pueblo. Me refiero a algunas empresas constructoras que operan en Cuba y que se dedican alevosamente a desviar enormes volúmenes de material hacia el mercado negro, lo que supone

33. En Cuba, tiendas estatales de comestibles.

un auténtico reto al Gobierno que está intentando cumplir su plan de edificar un millar de viviendas anuales en la Ciudad de La Habana.

Detectado, denunciado y asumido el problema, sólo cabe proceder a su urgente solución que, como se ve, es muy compleja y no puede depender únicamente de la intervención auditora estatal, que ha demostrado su ineficacia. Así, es necesario recurrir a la implicación del pueblo en la tarea. Son los ciudadanos cubanos, hombres y mujeres, los únicos que, en la medida en que se sientan afectados por la situación –y en la medida en que comprendan y compartan el hecho de que la delincuencia es un ataque a la Revolución y a sus logros–, pueden proceder a corregirla. Son los cubanos y las cubanas quienes, si quieren, pueden colaborar con las autoridades poniendo a su disposición datos suficientes para erradicar de la isla el caballo de Troya del capitalismo que en la Cuba actual se llama corrupción. Pero para que el cóctel terapéutico surta efecto definitivo, es necesario añadir un último y fundamental elemento: el ideológico. Se trata justamente de recuperar la idea del Che –que en distintos momentos ha sido retomada por Fidel, pero sin cobrar mayor trascendencia– de cuestionar permanentemente el modelo de socialismo aplicado en Cuba, atendiendo a sus particulares características de país subdesarrollado y bloqueado, aislado por el eje del mal capitalista. La emergente corriente revolucionaria latinoamericana liderada por Venezuela, cuya convivencia con el capitalismo hace que sus experiencias sean otras, puede animar al Gobierno cubano a avanzar en este sentido si éste consigue despegarse del lastre del inmovilismo citado.

El anuncio de la enfermedad de Fidel Castro a finales de julio de 2006 alarmó a muchos intelectuales que pronosticaron un empeoramiento de la situación en ausencia del anciano mandatario. Incluso hubo quien vaticinó la definitiva derrota de la Revolución tras su fallecimiento, que veían inminente. Han pasado casi veinte meses desde entonces y, afortunadamente, los agoreros se equivocaron en sus dos previsiones. Pese al papel intoxicador y manipulador que ha desempeñado históricamente Falsimedia en la opinión pública internacional, sorprende el gran desconocimiento de la idiosincrasia cubana que sigue habiendo a estas alturas, incluso en las filas de la izquierda. El poderío del ansia soberanista del pueblo cubano es impresionante, tanto como lo es la fuerza social del fidelismo dentro y fuera del Partido Comunista para mantener encendido el pebetero revolucionario. Sin embargo, hay que decir que el porvenir de la Revolución –y en consecuencia, también el de los cubanos y cubanas presentes y futuros– va a depender de que la unión entre el Gobierno y la sociedad sea capaz o no de erradicar del mapa a los parásitos de los que hablaba Fidel. Por supuesto, no me refiero a aplicarles la pena capital, no justificable en caso alguno en la legislación de un Estado instituido, sino a su reeducación o, como mal menor, a su reclusión. Otro factor determinante será que, cuando, más tarde o más temprano, se produzca el inevitable fallecimiento del Comandante, sus fieles cumplan con su misión histórica de elevar la conciencia socialista de sus compatriotas, hombres y mujeres, reforzándola, si cabe, en los convencidos, y haciendo ver su necesidad a los más tibios. Así y sólo así será posible la construcción de una sociedad cualitativamente diferente, el "hombre nuevo" por el que luchó y perdió la vida Ernesto *Che* Guevara.

Una de las incógnitas que flotan en el aire es si en el futuro inmediato la dirección del país conseguirá comprometer a los jóvenes mejor formados técnica y políticamente en las responsabilidades de gobierno, rellenando así el hueco generacional que existe en Cuba entre la aburrida burocracia partidista y la juventud, la más culta y preparada del Caribe, del continente americano y, muy probablemente, de todo el orbe. Recientemente, mi buena amiga María Toledano, comunista con pedigrí, afirmó en uno de sus artículos con los que nos ilustra y deleita a menudo desde el periódico electrónico *Rebelión*,[34] que

34. *http://www.rebelion.org.*

«o el socialismo conlleva alegría de vivir o no es socialismo».[35] La frase, por acertada y pedagógica, debiera ser esculpida en las paredes de algunos despachos institucionales para que sus ocupantes tuvieran siempre presente su significado. Puede ser una buena manera de dejar de centrifugar de la *res pública* al grueso de los jóvenes y empezar a atraerlos hacia el proyecto común, contagiándoles ilusión, amenidad y simpatía y cerrando, de una vez por todas, el libro de estilo de la fracasada Unión Soviética. La aplicación de las medidas aquí expuestas evitaría que fuese a más el escepticismo detectado, que, de generalizarse, pudiera desembocar en un fatal derrotismo que dejaría a la Revolución metida en un serio aprieto. Un hipotético escenario en el que la luchadora población cubana perdiese su confianza y se entregase con resignación a un "inevitable" triunfo de las tesis capitalistas eriza el vello. Evaluar con propiedad la espontaneidad de la voluntariedad a la hora de medir la asistencia a los actos de masas es tarea difícil habida cuenta de las insistentes "recomendaciones" realizadas a los ciudadanos, hombres y mujeres, por los responsables de las organizaciones oficiales, muchas de las cuales ejercen influencia directa sobre aspectos cotidianos de la vida de la población. Ya ha habido revolucionarios que, desde la honestidad más absoluta y desde la siempre constructiva autocrítica, han sugerido que no estaría de más rebajar la intensidad de los "consejos" para poder calibrar en su justa medida el peso neto de la Revolución.

En el contexto de lo aquí descrito se comprenden mejor las líneas de acción del gobierno cubano en sus relaciones exteriores, incluida la que le lleva a apoyar abiertamente a cualquier Estado o movimiento dispuesto a brindar su ayuda económica a la Revolución y paliar así las consecuencias del criminal bloqueo estadounidense. Es lo que podríamos llamar un "síndrome diplomático" que, condicionado por la situación de la isla, obliga a los

---

35. María Toledano: "Evocación autobiográfica de La Habana (I)", *Rebelión*, 28-08-2007.

dirigentes revolucionarios a hacer concesiones ideológicas a organizaciones y personas extranjeras reformistas, que pueden serles útiles, no posicionándose oficialmente sobre aspectos indeseables de las mismas. La contradicción más palpable de esta política aflora cuando la necesidad de esos favores los lleva a distanciarse –al menos públicamente– de las izquierdas más consecuentes que sobreviven en esos Estados. Al contrario sucede con la política de solidaridad internacionalista, sobre todo en la ayuda que prestan a terceros países en la misión histórica de combatir las enfermedades y el analfabetismo, que refleja el verdadero espíritu de la Revolución y genera admiración universal. Terminada hace tiempo la era del "internacionalismo de combate", en la que la isla aportó voluntariado e instrucción a los movimientos de liberación nacional en varios lugares de África, Asia y América Latina –no siempre contando con el visto bueno de la URSS–, Cuba recomienda ahora a las organizaciones guerrilleras que sustituyan la lucha armada por la exclusiva «confrontación política». La corriente universal del políticamente correcto "antiterrorismo" ha influido también en los dirigentes, que son conscientes de que es más rentable de cara a la opinión internacional que se conozca a Cuba por sus aportaciones civiles en terceros países, aunque mantienen la valiente y digna solidaridad con varias formaciones político-militares perseguidas y reprimidas, entre ellas algunas que continúan practicando la violencia revolucionaria en contra de las tesis defendidas por Cuba, salvaguardando dentro de sus fronteras la integridad de muchos militantes refugiados, que viven allí discretamente. Así, aparte de las citadas intervenciones en el extranjero, están auspiciando, dentro de sus posibilidades, la realización en la isla de investigaciones, encuentros, congresos, y otros eventos que, además de prestigio, aportan a Cuba una gran entrada de divisas en concepto de paquetes de viaje.

Hay dos maneras de analizar las diferencias obvias y hasta contradictorias que se plantean en estas líneas. Una es señalando que la extrema dureza de las condiciones surgidas a partir del *desmerengamiento* de la URSS han obligado a Cuba a semejante ambivalencia, sacrificando buena parte de su internacionalismo revolucionario en aras de la supervivencia interna, pero manteniendo lo esencial: proporcionar asilo político y refugio a los luchadores de izquierda criminalizados y amenazados de muerte en sus países. Por eso hay que insistir en que, pese al panorama descrito, Cuba mantiene su ansia de soberanía y sigue siendo un referente del internacionalismo más comprometido al no haber dejado de ser posada de muchos revolucionarios perseguidos, hombres y mujeres. Ello no es óbice para comprender que la situación política actual también exige a Cuba apoyar con todas sus fuerzas a los procesos democráticos y progresistas de otros países, incluso a los más tibios, en el afán de debilitar el imperialismo allí donde se encuentre. La segunda tesis es la que defiende que el fundamento de la contradicción reside en las diferencias existentes dentro del Partido Comunista, donde un sector –cada vez más nutrido– apuesta por establecer relaciones normalizadas con todas las fuerzas políticas, al mejor estilo de la diplomacia burguesa, y otro aboga por la fidelidad a los principios revolucionarios originales. Según esta óptica, los segundos son los adalides de la legendaria tradición solidaria cubana, de su soberanía nacional y de la frontal oposición al capitalismo y a sus cantos de sirena, mientras que en el primer grupo habitan aquellos cuadros que verían con buenos ojos una aproximación de Cuba a la internacional socialdemócrata, siguiendo el ejemplo de la legión de organizaciones estalinistas que así lo han hecho ya.

Las preguntas son: ¿Qué pensará sobre todo esto Fidel Castro Ruz? y ¿qué sucederá en Cuba tras su muerte? Es público que el Comandante en persona llamó por teléfono a Salvador Allende poco antes de que éste fuera derrocado por el golpe de estado del general fascista Augusto Pinochet –con la inestimable ayuda de la CIA– para ofrecerle armas y voluntariado. La respuesta del presidente chileno y lo sucedido horas después forman ya parte de la Historia. En los últimos años, especialmente a partir de abril de 2002, tras el fallido intento de la burguesía venezolana de anular la voluntad popular y enviar a galeras a Hugo Chávez, el rearme popular en la República Bolivariana de Venezuela se está llevando a cabo bajo la supervisión de instructores cubanos, lo que significa que treinta y cuatro años largos después, tanto Fidel como Raúl Castro (en calidad de jefe de Estado en funciones), continúan defendiendo el estratégico principio marxista de considerar esencial que el pueblo en armas es una conquista de la Revolución, además de la última garantía de su supervivencia. Y esto es así a pesar de que la necesidad de sobrevivir a la desfavorable coyuntura actual les haya llevado a mostrar públicamente su moderación en éstos y otros asuntos. Parece, pues, que la dirección de Cuba continúa apoyando la violencia revolucionaria en los momentos clave, ahora bien, ¿quién, y en base a qué criterios, decide cuáles son? La contestación a esta segunda pregunta es siamesa del rumbo que siga Cuba en el futuro, pues las políticas exterior e interior son inseparables. De hecho, la política de relaciones exteriores es el escaparate[36] internacional de la política interna y no al revés.

Lo dicho hasta aquí lleva a pensar que la política exterior, dirigida ahora por el joven y cualificado ministro Felipe Pérez Roque, no se verá alterada en lo fundamental salvo que se produzcan cambios en la actual relación de fuerzas internas y con ellos en el desarrollo cubano. Llegados a este punto, es inevitable introducir otra digresión, ésta para evaluar el comportamiento de la izquierda reformista durante la crisis de abril de 2003, cuando tres contrarrevolucionarios al servicio de los Estados Unidos fueron ejecutados. Ya he manifestado anteriormente que es inaceptable la vigencia de la pena de muerte en la legislación de cualquier Estado formalmente instituido, sea el que fuere. Sin embargo, lo sucedido entonces fue aleccionador en el sentido de que se pudo comprobar

36. En el sentido castellano del término, pues en Cuba la palabra "escaparate" significa "armario".

cómo todo el reformismo de izquierdas y muchas organizaciones revolucionarias condenaron abiertamente a Cuba, aunque con argumentos e intensidades diferentes. Gran parte de los cubanos, hombres y mujeres, se desconcertó con aquella tremenda reprimenda que, en algunos casos, fue considerada como una injerencia en asuntos internos de una nación soberana. Ante la situación creada, hubo dos posturas: la de quienes señalaron que es necesario ser "realistas" y tener en cuenta la situación internacional, y la de los que afirmaron que hay que extraer conclusiones de lo sucedido y endurecer las críticas hacia los reformistas y los tibios porque volverán a dar la espalda a Cuba en los momentos cruciales.

En resumen, y para terminar esta exposición, se podría decir que Cuba –pueblo y dirigentes– está poniendo toda la carne en el asador para salir definitivamente del pozo al que le empujó el estrepitoso derrumbamiento del mal llamado "socialismo real" con la URSS a la cabeza, lo que está consiguiendo poco a poco y con mucho esfuerzo a pesar de los ataques del imperialismo estadounidense. El porvenir de la Revolución dependerá de la dialéctica entre la resolución positiva de las contradicciones sociales internas y la de las que corroen al capitalismo internacional, particularmente en el continente americano. Aunque todo es posible, en este momento la balanza se inclina del lado de los revolucionarios pero, como muy bien advirtió Fidel Castro, los peligros existen y el principal hay que buscarlo en la propia Cuba.

Noticias sobre Cuba que no publicó Falsimedia

Hace casi cincuenta años que el pueblo cubano sufre los efectos de un sostenido bloqueo –el más largo de la historia de la humanidad– por parte de Estados Unidos que abarca todos los ámbitos de la vida y que Darío Machado ha calificado, con razón, de patológico.[37] Todos los habitantes de Cuba, hombres y mujeres, niños y ancianos, padecen diariamente las consecuencias de esa indeseable situación. Las agencias alternativas lo reflejan perfectamente en sus notas de prensa diarias, aunque las cadenas de televisión, las emisoras de radio, las revistas, los periódicos y los diarios digitales que componen Falsimedia –la práctica totalidad de los medios de comunicación del planeta– nunca se hacen eco de ello. Del mismo modo, en lógica consonancia con su estrategia de ocultación, tampoco difunden las bondades de la Revolución, manifestadas en el día a día, a sabiendas de que su di-

37. Darío Machado: *Nuestro propio camino*, Editora política, 1993.

vulgación y consiguiente conocimiento por parte de la opinión pública de sus respectivos países supondría un pésimo ejemplo para los intereses del sistema capitalista que en ellos impera, pues quedaría patente que otro mundo, mucho más amable, cordial, justo y humano, lejos de ser un objetivo utópico, es verdaderamente posible.

La razón de esta segunda parte es, precisamente, ayudar a sortear el bloqueo mediático, dando a conocer a quienes lean este ensayo algunas de las noticias sobre Cuba producidas en los últimos meses, ordenadas cronológicamente y clasificadas por temas, que reflejan la verdadera naturaleza de un proceso vivo de transformación social que cautiva a quien lo descubre.

1.– BLOQUEO *made in* USA

Cuba denuncia habitualmente, en todos los foros que puede, las consecuencias del bloqueo económico al que la tienen sometida los Estados Unidos de América y que tantos trastornos está causando a su pueblo. Así, el 6 de septiembre de 2007, la agencia de noticias Prensa Latina –en adelante, PL– informaba de que el ministro cubano de cultura, Abel Prieto, sostuvo que los intercambios culturales entre su país y Estados Unidos están restringidos y anulados por la política de la actual administración estadounidense. Prieto señaló que «en otros momentos, aun con la existencia del bloqueo con toda su crueldad y rigor, por lo menos había un tipo de comunicación estable en términos culturales entre ambas naciones». Citó en tal sentido las giras realizadas a Estados Unidos por el Ballet Nacional de Cuba y la famosa orquesta los Van Van. Dijo que los artistas plásticos «tenían exposiciones en las principales galerías estadounidenses» y que hoy «eso está prácticamente liquidado». «Cuántas veces estuvieron en Cuba grandes figuras del jazz estadounidense. Todo eso lo ha cortado la política de la actual administración Bush y realmente hoy es prácticamente nulo el intercambio cultural entre ambos estados», puntualizó.

Pero fue doce días después, el 18 de septiembre, cuando PL difundió una noticia fundamental para conocer en sus justos términos la situación. La agencia informaba ese día de que el ministro cubano de Relaciones Exteriores, Felipe Pérez Roque, había afirmado que las afectaciones provocadas a Cuba por el bloqueo de Estados Unidos sumaban a esa fecha más de 89.000 millones de dólares, cifra que no incluía los daños ocasionados a locales cubanos por actos de terrorismo. Pérez Roque reveló ese dato en La Habana en una conferencia de prensa en la que informó sobre la resolución 61/11 de la Asamblea General de las Naciones Unidas titulada *Necesidad de poner fin al bloqueo económico, comercial y financiero impuesto por los Estados Unidos de América contra Cuba*. Desde el triunfo de la Revolución Cubana el 1 de enero de 1959, el Gobierno estadounidense aplicó el cerco económico que cumple ya casi cinco décadas. Recordó que en el año 2006, la Asamblea General propinó una abrumadora derrota al bloqueo cuando 183 estados votaron a favor de su eliminación, sólo cuatro se opusieron y uno se abstuvo. El ministro cubano refirió que «desde 1992, cuando se presentó por primera vez ese informe, el respaldo de la comunidad internacional ha ido en aumento y resulta una señal inequívoca de la conciencia mundial sobre los efectos negativos del bloqueo contra Cuba». También destacó «el amplio rechazo internacional que esa política genera por sus medidas extraterritoriales al sancionar a terceros países por negociar con La Habana». Pérez Roque denunció que, en el último año, «la aplicación de las medidas del cerco estadounidense ha alcanzado niveles de esquizofrenia con particular saña, no sólo contra empresas y otras entidades, sino para impedir el acceso a medicamentos y equipos destinados a salvar la vida de niños y otros pacientes». Asimismo, condenó la ferocidad del bloqueo por «intentar rendir por hambre y enfermedades al pueblo cubano». «Cuba seguirá denunciando los efectos del bloqueo estadounidense y espera otra victoria en la próxima Asamblea General de la ONU», subrayó el canciller cubano. Pérez Roque presentó ante la prensa nacional y extranjera el documento que la Isla entregó al secretario general de Naciones Unidas con las pruebas de los daños ocasionados a Cuba durante el último año por las medidas punitivas de Washington.

El ministro de Relaciones Exteriores calificó el bloqueo como un acto de genocidio condenado por la Convención de Ginebra, una violación del derecho internacional mediante la extraterritorialidad y un acto de guerra. «La victoria será otra vez de nuestro pueblo y significará un rechazo internacional a esta política», manifestó. Agregó que «Cuba está dispuesta a mantener un diálogo con Estados Unidos respetuoso de su soberanía y derechos o de lo contrario seguirá resistiendo mil años el bloqueo». Indicó que éste «niega el acceso a recursos financieros, viola los derechos de los niños y provoca sufrimientos al pueblo cubano, por lo que significa una política genocida, que cumple con los objetivos perseguidos por Washington, siendo el principal obstáculo al desarrollo económico». «Durante quince años consecutivos, la Asamblea General de la ONU ha aprobado el proyecto de resolución que plantea la necesidad de poner fin al bloqueo económico, comercial y financiero impuesto por Estados Unidos a Cuba», recordó. «Cuba no ha sido puesta de rodillas ni lo será en el futuro», manifestó el diplomático.

Desde que la Casa Blanca aprobara las Leyes Torricelli y Helms-Burton y en 2004 consintiese el Plan Bush[38] para acelerar la destrucción del orden institucional cubano, se incrementa cada día el número de personas afectadas dentro y fuera del país. Al respecto, el informe de Cuba a la Asamblea General de las Naciones Unidas sobre la necesidad de poner fin al cerco económico precisa que esos daños alcanzaron niveles sin precedentes entre

38. El *Plan Bush para Cuba*, también llamado *Informe de la Comisión para la asistencia a una Cuba libre*, fue dado a conocer por George W. Bush el 6 de agosto de 2004. Las medidas que en él se contemplan tienen como objetivo recrudecer el bloqueo económico que mantienen los Estados Unidos sobre Cuba y agitar a su población financiando grupos opositores y difundiendo propaganda en contra de su gobierno legítimo.

mayo de 2006 y mayo de 2007. En ese período de tiempo, el bloqueo económico, financiero y comercial de Estados Unidos contra Cuba afectó a treinta estados soberanos que sufrieron el carácter extraterritorial de esa política. El objetivo es impedir el derecho de otros Estados de beneficiarse de las oportunidades que genera la economía cubana, al obstaculizar que subsidiarias estadounidenses en otros territorios realicen cualquier tipo de transacción con la mayor de las islas Antillas. Sobre esa base, Alemania, Australia, Brasil, Canadá, Reino Unido, Países Bajos, Suecia, España, Finlandia, Japón, México, Noruega y Suiza, entre otros, soportaron las consecuencias de tan injusto proceder de un gobierno contra otro estado y pueblo. Tales restricciones provocaron que ciudadanos cubanos residentes en terceros países se hayan visto obligados a retirar sus cuentas bancarias o hayan sido amenazados con la cancelación de las mismas en instituciones locales con algún tipo de vínculo con bancos estadounidenses. Esta situación se agudiza al calor de las actuales alianzas y fusiones empresariales encabezadas por Washington, lo que reduce el espacio económico externo de Cuba y dificulta la búsqueda de nuevos socios comerciales, al tiempo que aumenta el número de los que cortan tales vínculos. Así la firma Datex-Ohmeda de Finlandia, fabricante de equipos de anestesia, tras su adquisición por la transnacional General Electric prohibió vender sus productos a Cuba para evitar ser procesada por el Departamento de Justicia de Estados Unidos.

La salud cubana, uno de los objetivos del bloqueo

Otro gran afectado por esta política criminal es el sistema cubano de salud. Continuamente amenazado, este importante sector ha sufrido recias restricciones en la adquisición de suministros y tecnologías médicas de procedencia estadounidense, así como el impedimento a obtener información de avanzada, lo que ha incidido en la calidad asistencial. Los servicios que más padecieron fueron los de urgencia, atención al paciente grave, a la embarazada, niños y adultos, al no lograr acceder a medios de diagnóstico o fármacos de última generación, producidos en Estados Unidos. De igual forma se han visto entorpecidas las acciones de promoción de salud y prevención de enfermedades. El documento señala que empresas como Humphreys-Zeiss y Novartis se vieron impedidas de exportar a Cuba un equipo para el estudio de la retina y un medicamento necesario en el tratamiento de la degeneración macular, al no disponer de licencias del Departamento del Tesoro. Med Tronic dejó de vender marcapasos externos a Cuba, utilizados en niños portadores de arritmias, y Saint-Jude suspendió la entrega de válvulas protésicas al cardiocentro pediátrico William Soler. Las presiones estadounidenses provocaron que otros laboratorios cancelaran licencias de ventas para anestésicos, citostáticos[39] y otros medicamentos, que debieron ser comprados en mercados más alejados, con el correspondiente encarecimiento de los costos. También Washington ha vedado el desarrollo de proyectos científicos entre Cuba y Estados Unidos, al imponer constantes trabas al libre intercambio académico y científico. Desde mayo de 2006 hasta mediados de septiembre de 2007, treinta y siete especialistas sanitarios cubanos se vieron obligados a renunciar a asistir a eventos celebrados en territorio estadounidense porque sus visas fueron denegadas. Sin embargo, pese a las dificultades que el país ha debido enfrentar, son conocidos los esfuerzos realizados para desarrollar y mantener novedosos programas de salud, y disponer de un sistema único, universal, gratuito, moderno y eficiente. Muchos son los logros, entre los que destacan los índices de mortalidad infantil, de los más bajos del mundo, y el aumento en la esperanza de vida de los cubanos, hombres y mujeres.

39. Medicamentos que frenan la proliferación celular, por lo que se utilizan en los tratamientos anticancerígenos.

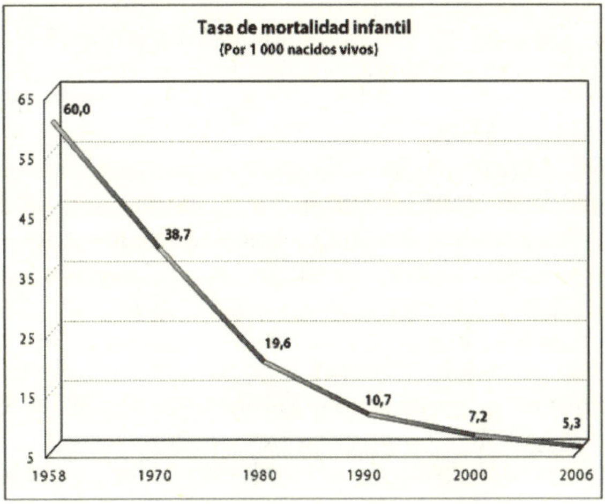

Un freno para el movimiento deportivo cubano

También el deporte se ha visto seriamente afectado por el bloqueo estadounidense a pesar de los éxitos obtenidos por Cuba en las más variadas competiciones internacionales. La política de Estados Unidos privó en más de una ocasión a deportistas cubanos, hombres y mujeres, de participar en torneos en aquel país y obligó a buscar implementos en otros lugares ante la imposibilidad de hacerlo en suelo estadounidense o a través de sus empresas. El intercambio deportivo cesó prácticamente con la puesta en marcha del Plan Bush, al extremo de que los topes amistosos de béisbol y boxeo pasaron a la historia. Durante años, las selecciones de béisbol de ambos países efectuaron series de preparación para las principales competiciones internacionales, pero la política del gobierno estadounidense les puso fin. Otro tanto ocurrió con los famosos topes de boxeo, que se efectuaban indistintamente en un país y otro, y en los cuales participaron campeones mundiales y olímpicos de la talla de Teófilo Stevenson, Pernell Whitaker y Adolfo Horta, por citar algunos. Con la puesta en marcha del Plan Bush, las visas para entrar en Estados Unidos con motivo de cualquier competición deportiva se demoraron más de lo normal y en varias ocasiones no llegaron jamás. Mientras, el proyecto de las Olimpiadas Especiales Internacionales encontró innumerables trabas para apoyar financieramente el Programa Nacional de Olimpiadas Especiales en Cuba, lo que provocó diferencias respecto al resto de los países acreditados. Un caso muy llamativo es el de las pelotas de béisbol, las cuales Cuba tiene que adquirir en Asia, a más del doble de su precio en Estados Unidos, por las absurdas restricciones establecidas. Se trata, tal vez, del más demandado de los implementos deportivos en la isla, donde el béisbol es pasión nacional y fuente constante de alegrías para el pueblo por sus éxitos en las más importantes competiciones internacionales, entre ellas campeonatos mundiales y Juegos Olímpicos.

El bloqueo afecta al trabajo diario de los científicos cubanos

Ni la ciencia se salva del inhumano castigo imperialista. Desde el más simple reactivo hasta un costoso equipo de laboratorio se encuentran hoy en la mira de las prohibiciones del bloqueo estadounidense a Cuba, que afecta el trabajo diario de los investigadores en la isla. Ésa es la opinión del director general del Instituto de Investigaciones en Fruticultura Tropical, Jorge Rolando Cueto, quien ha señalado que para los científicos cubanos, como para todo el pueblo, esa política constituye un serio reto. El texto circulado previo a la discusión por decimosexta ocasión de una resolución contra el bloqueo en la Asamblea General de la ONU, expresó que Estados Unidos recrudeció su hostilidad contra la isla sin hacer caso al rechazo mayoritario del mundo. Para Cueto, «el bloqueo de Estados Unidos ha impedido el contacto de expertos en citricultura de ambos países, y eso –insistió– a pesar de las similitudes climáticas y de explotación de plantaciones de toronja[40] entre la isla y el sureño estado de Flo-

40. Pomelo.

rida». «A nosotros, como a sus científicos, nos interesaría tener de primera mano ese intercambio, más allá de los correos electrónicos o contactos esporádicos», subrayó el experto en temas citrícolas. «Me encantaría visitar plantaciones de toronja en Florida, observar sus problemas y cómo los enfrentan, pues las enfermedades que ahora tienen –por la cercanía geográfica– pueden después afectar de forma similar a nuestros campos», sentenció. Cinco o seis investigadores estadounidenses habrían estado presentes en el II Simposio Internacional de Fruticultura Tropical y Subtropical si no lo hubiese impedido la limitación a los viajes impuesta por el gobierno de George W. Bush. «Es importante para nosotros conocer su experiencia citrícola, pero no los autorizan a viajar», expuso Cueto tras señalar que «esas afectaciones no son las únicas para su sector, que pudiera vender toronjas y otras frutas en ese mercado».

Los Estados Unidos violan derechos y leyes prohibiendo viajar a Cuba

Y es que el gobierno de los Estados Unidos continúa violando derechos humanos de sus ciudadanos y de residentes en el país y persiste en desobedecer su propia constitución y sus propias leyes al obstaculizar e impedir los viajes a Cuba. El intento de hacer colapsar el turismo hacia Cuba y los intercambios de delegaciones de todo tipo sigue siendo una constante de Washington. Entre las prohibiciones habidas entre septiembre de 2006 y septiembre de 2007 puede señalarse la negativa de más de doscientas licencias de viaje a especialistas estadounidenses y puertorriqueños que pretendían participar en un congreso de la Sociedad Interamericana de Psicología. Tampoco pudieron llegar a La Habana quince destacados científicos de Estados Unidos para asistir al Taller Internacional de Inmunología 2006 y lo mismo ocurrió con un coro de la Universidad de San Francisco. El encuentro que anualmente organiza la Asociación de Pedagogos de Cuba con educadores estadounidenses para intercambio de experiencias educativas, fue cancelado al impedir la asistencia de estos últimos. Prohibiciones similares fueron hechas por el gobierno de los Estados Unidos a estudiantes y profesores miembros de la organización no gubernamental Interlocken interesados en enriquecer su formación profesional y cultural e intercambiar experiencias con colegas cubanos. La interminable lista incluye la frustración de misiones tan diferentes como la del equipo estadounidense de lucha grecorromana, alumnos de la Facultad de Estudios Ambientales de Washington y productores interesados en rodar una película sobre el escritor estadounidense Ernest Hemingway. En 2006, el bloqueo provocó la disminución de un 75% de las visitas a Cuba de artistas, galeristas y coleccionistas estadounidenses y en 2007 fue cancelada la licencia de viaje para programas de intercambio con las universidades de Columbia, Pennsylvania y Duke. Las sanciones y multas a las empresas turísticas por vender o promocionar viajes a Cuba se multiplicaron también durante el año pasado como expresión clara de que la protesta mundial contra el bloqueo sigue sin ser atendida por las autoridades de Estados Unidos.

Un obstáculo para el desarrollo del transporte cubano

Las restricciones que impone el bloqueo económico, comercial y financiero de Estados Unidos a Cuba produjeron entre septiembre de 2006 y el mismo mes de 2007 pérdidas que ascienden a 208,8 millones de dólares en el sistema nacional de transporte. Ese sector de gran trascendencia para la economía y la población no puede adquirir equipos, partes y piezas para renovar el parque de locomotoras ferroviarias, en su mayoría de manufactura estadounidense y canadiense. Tal situación provocó la paralización de 6.892 trenes por falta de esas máquinas y de coches motores, lo cual impidió transportar a largas distancias a unos 197.000 pasajeros, con una afectación de medio millón de dólares. El informe sobre la necesidad de poner fin al bloqueo económico, que Cuba presentó a la Asamblea General de las Naciones Unidas, precisa que en el caso de los ferrocarriles de carga esa situación retrasó las entregas de productos de primera necesidad como son los alimentos a la población. No pocas dificultades tiene por su parte el sistema de transporte automotor de personas Metrobús, al contar con cuñas tractoras Internacional, Ford y Freighliner y motores Cummings, cuyas piezas de repuestos deben adquirirse en terceros países con elevados precios y largas demoras. Cuba también está limitada para participar en el fuerte movimiento de contenedores en el área del Caribe, a pesar de su privilegiada situación geográfica en el cruce de las líneas marítimas que operan el comercio mundial en los ejes este-oeste y norte-sur. Si durante 2006 sólo el 10% de ese tráfico hubiese pasado por puertos cubanos, las ganancias de la isla por ese concepto habrían supuesto más de 59 millones de dólares, sin incluir otros ingresos por servicios y suministros a los buques. Para la Aviación Civil la reposición de motores Pratt & Whitney no fue posible por las limitaciones para comprarlos, ni siquiera indirectamente. Esos equipos son fabricados por la multinacional estadounidense GE Transportation-Aircraft Engines, la cual aplica las sanciones del gobierno por negociar con Cuba. Las líneas aéreas de la isla continúan sin autorización para operar en territorio estadounidense, a pesar de que el Estado cubano brinda todas las facilidades para vuelos tipo *charter* a Miami Air, American Eagles, Gulf Stream y Sky King.

2.– REVOLUCIÓN Y SALUD

Sin duda, uno de los logros más importantes de la Revolución es el ejemplar sistema de salud que, tras su triunfo, se ha construido en Cuba, imposible de comprender desde la lógica capitalista. Sus principios rectores son: el carácter estatal y social de su medicina, la accesibilidad y absoluta gratuidad de los servicios, su orientación profiláctica, la apuesta por una adecuada aplicación de la ciencia y de la técnica, la participación de la comunidad, la intersectorialidad, la colaboración internacional, la centralización normativa y la descentralización ejecutiva.[41] Esta revolucionaria combinación de factores hace que sean posibles buenas noticias como la que difundió PL el 28 de agosto de 2007 informando de que especialistas y personal paramédico del Departamento de Endocrinología del Hospital Infantil Norte de Santiago de Cuba desarrollan un programa para la detección precoz de la Hiperplasia Adrenal Congénita (HAC), dolencia hereditaria producida por un déficit de cortisol que causa la ambigüedad en la definición sexual de los recién nacidos, además de inapetencia, letargia, vómitos, diarreas, deshidratación, hipotensión y pérdida de peso. Si no se trata, esta patología lleva al colapso circulatorio y a la consiguiente muerte de los bebés afectados, de ahí la relevancia del programa.

Se podrían poner infinidad de ejemplos más. Así, el 18 de septiembre PL informaba de que «unos 245.000 pacientes cubanos con lesiones de cadera se beneficiaron con los fijadores externos RALCA, una técnica introducida por la isla tres décadas atrás y extendida hoy con éxito a más de treinta países». El doctor Rodrigo Álvarez Cambras, presidente de la Sociedad Cubana de Ortopedia y Traumatología, declaró aquel día que la aplicación de esa eficaz técnica permitió asistir a los hombres y mujeres cubanos y socorrer a los de otros países, algunos enfrentados a desastres naturales como Indonesia y Paquistán, donde el 90% de los pacientes atendidos sufría patologías óseas. Y el 27 de noviembre, la misma agencia enviaba a los medios una nota explicando que las intervenciones quirúrgicas para mejorar la calidad de vida a niños con malformaciones congénitas del corazón que se están realizando en la provincia de Sancti Spíritus superan a las realizadas en muchos otros países del mundo. El doctor Miguel Pérez, responsable de la Red Cardiológica espirituana, había revelado ese día que unos 150 niños de ambos sexos fueron intervenidos quirúrgicamente en poco

41. Fuente: Estadísticas de Salud del Ministerio de Salud Pública de Cuba.

más de dos décadas. El cirujano contó que desde la creación de la Red Cardiopediátrica Nacional, única de su tipo en América Latina, la provincia, ubicada a 350 kilómetros al este de La Habana, ofrece mayor garantía y estándar de vida a los pequeños. «La introducción de esta especialización –aseguró el médico– ha posibilitado que el territorio muestre una de las tasas más bajas de mortalidad infantil por malformaciones congénitas del país». «Este indicador está por debajo del 0,8 por cada mil nacidos vivos, índice similar al de naciones industrializadas», aseveró el Dr. Pérez. «En este resultado –añadió– influye el sostenido intercambio y la cooperación con los especialistas de los cardiocentros Ernesto *Che* Guevara, de la central provincia de Villa Clara, y William Soler, de la capital». El equipo multidisciplinario formado por cardiólogos, enfermeras, médicos de familia y genetistas, ha diagnosticado padecimientos congénitos del sistema cardiovascular en unos trescientos menores. En la provincia nacen cada año entre treinta y cuarenta bebés con afecciones de esta naturaleza, en cuya disminución ha influido el desarrollo alcanzado por la Genética Médica y las técnicas introducidas para el diagnóstico prenatal.

3.– REVOLUCIÓN Y ECOLOGÍA

Recuerdo que en noviembre de 1994 asistí a un evento internacional que tuvo lugar en La Habana en el que Fidel nos sorprendió a todos los que abarrotábamos el teatro Karl Marx con sus preguntas a un ecologista allí presente. El conocimiento y la inquietud demostrados por el Comandante en lo referente al medio ambiente contrastaba espectacularmente con la nula sensibilidad de los jefes de Estado del entorno capitalista, quienes entienden la naturaleza como algo a esquilmar. Cuba puede estar tranquila sabiendo que sus dirigentes velan por la conservación de su atmósfera, de sus costas, de sus ríos, de su fauna, de su vegetación…

Especialistas cubanos recuperan especies amenazadas de la flora

El 28 de agosto de 2007, PL informaba de que especialistas de la empresa de Flora y Fauna que hay en la provincia de Pinar del Río se ocupaban a esa fecha de la recuperación de poblaciones amenazadas del ejemplar conocido como *palma petate*, cuyo hábitat sólo se localiza en esta región occidental cubana. Lidia Liufriú, subdirectora de esa instancia, explicó que se trata de un proyecto para la protección de poco más de trescientas entidades de *Coccothrinax crinita*, distribuidas entre los poblados Las Pozas y Río Viejo, del municipio de Bahía Honda. La experta refirió que la sobreexplotación de la planta, de unos diez metros de altura, provocó una reducción considerable del número de individuos, principal amenaza de la especie en la actualidad. «La intención –puntualizó– es proteger los ejemplares existentes y extenderlos hasta alcanzar la cantidad de efectivos demográficos necesarios para considerar genéticamente viable su población». Los trabajos con la *palma petate* se iniciaron tres años atrás y se enmarcan dentro de una estrategia nacional para restituir especies naturales, en la que trabajan botánicos de varias provincias cubanas. De acuerdo con Liufriú, la labor se realiza en el campo e incluye recuentos de poblaciones, trasplante de semillas, supervisión de siembras, germinación y una evaluación del estado general de las plantas. Unas 3.000 entidades vasculares, 367 de ellas hoy amenazadas, conforman el inventario de la flora en el extremo más occidental, responsabilizado a su vez con el patrimonio genético de unas 866 endémicas.

Reforestan playas en reserva cubana de la biosfera

PL informó también, el 17 de septiembre de 2007, de las jornadas que tuvieron lugar en la Ciénaga de Zapata, reserva cubana de la biosfera ubicada en la provincia de Matanzas, en las que se desarrollaron variadas opciones ambientales en el contexto de la campaña mundial *Limpie-*

mos nuestras playas. Julio Haedo, especialista del Ministerio de Ciencia, Tecnología y Medio Ambiente, indicó que «el programa incluyó limpieza y reforestación de playas y comunidades costeras y charlas sobre esos ecosistemas ante eventos climatológicos severos», plantándose «de forma masiva especies de la duna costera como uva caleta, guano de costa, mangles[42] y boniato de litorales en zonas como Girón, Los Pinos, Punta Perdiz, Playa Larga y Caletón». Durante las jornadas también se presentaron exposiciones de artes plásticas y representaciones artísticas, se limpiaron fondos marinos en puntos de buceo y se colocaron señales con mensajes ecológicos. La Ciénaga de Zapata, territorio al sur de la provincia de Matanzas a 180 kilómetros al sudeste de La Habana, es sede del mayor y mejor conservado humedal del Caribe insular, con 4.500 kilómetros cuadrados de área y 9.000 habitantes. Está considerado un municipio privilegiado de la geografía cubana, entre otros elementos, por sus litorales a los que acuden los fines de semana del período estival hasta 7.000 turistas, entre nacionales y extranjeros. Haedo destacó que «el evento *Limpiar el Mundo*, inaugurado en septiembre de 1993, es uno de los programas internacionales para el entorno más inspiradores y efectivos del planeta». Su auspicio corresponde al Programa de las Naciones Unidas por el Medio Ambiente, y anualmente se aplica en más de cien países, entre los que se encuentra Cuba.

Cayos de Ana María, joya de la naturaleza

El 25 de noviembre de 2007, la periodista Neisa Mesa del Toro[43] ejemplarizaba la salud del medio ambiente cubano en un reportaje para PL en el que contaba que «los cayos e islotes que rodean el archipiélago cubano, en un estado casi natural, con fauna y vegetación autóctonas, están entre lo más parecido a las tierras que descubrió

42. Arbustos de tres a cuatro metros de altura, propios de los países tropicales, cuyas hojas, frutos y corteza se emplean en las curtidurías.

43. Corresponsal de la agencia cubana de noticias Prensa Latina en Ciego de Ávila.

Cristóbal Colón hace más de cinco siglos. A lo largo del litoral que bordea la costa sur de la provincia de Ciego de Ávila se encuentran los Jardines de la Reina, con más de cien kilómetros cuadrados de extensión y formado por unos seiscientos cayos e islotes. Como sellos distintivos de esos parajes están el buen estado de los arrecifes coralinos, de los manglares, de los pastos marinos y la abundancia y talla de los peces que habitan allí, considerada entre las más altas del mundo. Entre los islotes predominantes figuran los cayos de Ana María, que están entre las 36 áreas protegidas declaradas en Cuba, como refugio de fauna. Además, poseen una flora de alto valor utilitario con árboles maderables, medicinales, melíferos, poliníferas, ornamentales, artesanales, de uso industrial y para la alimentación animal y humana. Bosques de mangles cubren toda esa área y sirven de refugio a especies de plantas y animales clasificadas como endémicas, raras, vulnerables y amenazadas. Las costas pocos profundas, más la presencia de grandes arenales y plantas acuáticas, convierten esos parajes en cobija y fuente de alimentos para numerosas especies de peces, crustáceos y moluscos que van allí con el fin de reproducirse o desovar. El lugar constituye, igualmente, el principal sitio de desove de tres de las cuatro especies de tortugas marinas existentes en el país. Por esos puntos de la geografía cubana es muy común observar ostiones,[44] camarones (rosado y blanco), langosta, jaiba[45] azul, cangrejo moro, mojarra, patao,[46] ronco,[47] pargo criollo, cubera[48] y macabí[49], todos importantes para la economía nacional. También

44. Especie de ostra, mayor y más basta que la común.

45. Nombre que se da en algunos países de América a muchos crustáceos decápodos, branquiuros, cangrejos de río y cangrejos de mar.

46. En Cuba, pez comestible de color plateado.

47. Pez abundante en el Caribe, de color azul en el lomo, y el resto con fajas longitudinales azules y amarillas.

48. En Cuba, pez de la misma familia que la perca, que alcanza un metro escaso de longitud.

49. En Cuba, pez comestible de color plateado y forma cilíndrica.

pueden encontrarse jutías[50] conga[51] y conguina, esta última endémica local, sometida a un estudio para conocer la época de reproducción y la forma de vida. Por todo esto, investigadores de la Empresa de Flora y Fauna, y del Centro de Ecosistemas Costeros de Cayo Coco, emprenden acciones de monitoreos para preservar las riquezas naturales que han deleitado a cuanto viajante llega al lugar. La posición geográfica convierte a la zona en un corredor biológico potencial, al tomar la costa sur como punto de partida y los cayos de las 12 Leguas como destino, y viceversa. Especialistas afirman que los Cayos de Ana María constituyen una zona de cría importante para la ornitofauna, tanto terrestre como marina, al incluirse en la ruta migratoria de más de setenta especies. La costa sur de la región central de Cuba está considerada uno de los pasajes marinos y terrestres más impresionantes del Caribe; por eso el Gran Almirante, ante tanta belleza, los denominó los Jardines de la Reina. El escaso desarrollo poblacional y de actividades humanas intensas, unido al aislamiento geográfico, posibilita el elevado endemismo y la alta fragilidad de los recursos marinos. Hoy se presume de que los islotes integrantes del archipiélago Jardines de la Reina, conocidos como el Laberinto de las 12 Leguas, se formaron por la acumulación durante años de sedimentos sueltos, únicamente retenidos por la vegetación, en la que predominan los manglares y matorrales de costas arenosas. Por esa razón se promueve en la zona el turismo especializado y la explotación forestal sostenible, con una actitud consciente para preservar el entorno. Tras quinientos años de su descubrimiento, los Jardines de la Reina continúan deslumbrando a los turistas e investigadores que llegan al lugar en busca de distracción o para ampliar los conocimientos. Lograr que la vida continúe en los fondos marinos y el agua mantenga su color verde-azul, debe constituir un reto, en aras de que esos parajes se mantengan como una joya natural de incalculable valor».

---

50. Del arahuaco, *hutía*. Mamífero roedor comestible abundante en las Antillas.

51. Jutía de mayor tamaño que la rata.

4.– SOLIDARIDAD *versus* IMPERIALISMO

Mi colega y amigo José Daniel Fierro nos recordaba hace un par de años en un magnífico artículo[52] publicado en el periódico electrónico *Rebelión* que «desde que en el año 1961 Cuba brindara su colaboración a la revolución argelina y concediera, ese mismo año, las primeras becas a quince jóvenes guineanos para cursar estudios superiores en la isla; hasta lo más cercano en el tiempo como la ayuda a Pakistán tras el terremoto, la Misión Milagro o la alfabetización en México; muchos miles de cubanos han dado su tiempo, sus conocimientos e incluso sus vidas de manera desinteresada, con los únicos objetivos de favorecer el desarrollo y la libertad de los pueblos». José Daniel utilizaba el término *subdesarrollantes*, creado por el poeta cubano Roberto Fernández Retamar, para definir a los países llamados desarrollados en función de su relación con las naciones colonizadas y neocolonizadas, afirmando con razón que la solidaridad por parte de éstas es una «compensación histórica» y una «obligación moral». En su artículo, Fierro destacaba muy oportunamente el hecho de que para Fidel Castro «la colaboración internacionalista en la lucha contra el subdesarrollo no es una deuda de las antiguas metrópolis», sino «un deber solidario y ético de todos los países desarrollados, capitalistas y socialistas; es incluso un deber de los propios países del Tercer Mundo con mayor desarrollo relativo hacia los países más atrasados».

En Bolivia

PL informaba el 25 de agosto de 2007 de la participación de oftalmólogos cubanos en una feria de salud que estaba teniendo lugar en el municipio boliviano de El Alto, donde realizaron labores de detección para localizar cataratas o carnosidades, patologías que atienden como parte de la Operación Milagro. Varios vecinos agradecie-

52. José Daniel Fierro: "El valor de la solidaridad no tiene precio", *Rebelión*, 10-03-2006.

ron la iniciativa del movimiento de solidaridad con la isla, que tuvo como objetivo mejorar la calidad de vida de los pobladores de la región. En los dieciocho meses previos, más de 115.000 personas, de muy bajos ingresos, entre ellas argentinos, peruanos, brasileños y paraguayos, recuperaron la visión en doce centros oftalmológicos, un servicio que actualmente se sigue brindando en condiciones de campaña. La feria de Salud, que contó con el respaldo de la carrera de Enfermería de la Universidad Mayor de San Andrés (UMSA) de La Paz, permitió que los habitantes de la región acudieran a consultas gratuitas en todas las especialidades. Según la coordinadora cubana del programa en La Paz, Isabel Gómez, los colaboradores de la nación caribeña recibieron numerosas muestras de cariño y agradecimiento de la población. También señaló que este tipo de iniciativa permite a numerosas familias, sobre todo de regiones alejadas de centros urbanos, beneficiarse de la atención médica y recibir información sobre diferentes programas de salud en la comunidad.

El 28 de noviembre, la misma agencia difundía la noticia de que la brigada cubana de colaboradores de la salud en Bolivia saludó en esa fecha el Día de la Medicina Latinoamericana, que se celebra cada 3 de diciembre, con la atención gratuita a ocho millones de pacientes. Así nos pudimos enterar de que actualmente prestan servicio más de dos mil profesionales de esa esfera, de los cuales 1.533 son médicos. Desde febrero de 2006 –cuando llegó la brigada en medio de la emergencia por inundaciones– y hasta ese día, los médicos cubanos, hombres y mujeres, salvaron 9.382 vidas y atendieron 6.543 partos. Otro logro de la presencia de esos profesionales en Bolivia es que desde agosto de 2005, cuando comenzó la Operación Milagro, hasta esa fecha, recuperaron la visión más de 184.080 personas de bajos ingresos.

En Nicaragua

Dos días después, el 27 de agosto de 2007, la misma agencia difundía la noticia de que 6.400 nicaragüenses de escasos recursos habían sido operados hasta el momento de cataratas o *pterigium*[53] por oftalmólogos cubanos que trabajan desde el mes de mayo en una clínica de las afueras de Managua. El jefe de las brigadas médicas de la isla caribeña en Nicaragua, Luis Carlos Ávila, confirmó que los especialistas del hospital oftalmológico de Ciudad Sandino, a 15 kilómetros al oeste de Managua, habían atendido ya a casi 13.000 pacientes, una cifra más que considerable si se tiene en cuenta que la clínica abrió sus puertas el 1 de mayo pasado, tras ser inaugurada por el presidente Daniel Ortega. Cuba aportó el equipamiento y el personal médico como parte de la Operación Milagro y de la ALBA.[54] Además de la atención oftalmológica brindada en la clínica de Ciudad Sandino, los nicaragüenses, hombres y mujeres, tienen la oportunidad de recuperar la visión en centros especializados de Venezuela. PL informaba, además, de que «otros 125 profesionales cubanos de la salud trabajan en zonas de difícil acceso de las Regiones Autónomas del Atlántico Norte y Sur, en cuyas principales ciudades se instalarán también próximamente sendas clínicas oftalmológicas y dos hospitales de campaña».

En Uruguay

El 30 de agosto de 2007, PL informaba de que la viceministra de Desarrollo Social de Uruguay, Ana Olivera, había anunciado en Montevideo la apertura en el mes de octubre de un moderno centro oftalmológico equipado por Cuba que permitirá atender a pacientes uruguayos sin necesidad de salir del país. La funcionaria recordó que, a esa fecha, habían sido casi 2.000 las personas uruguayas de escasos recursos operadas gratuitamente de diversas afecciones oculares en la isla. Asimismo, explicó que «el centro oftalmológico contará con la más alta tecnología y será de referencia regional». La unidad asisten-

53. Enfermedad ocular que afecta a la conjuntiva y a la córnea.

54. Alternativa Bolivariana para las Américas, iniciativa integracionista que impulsan también las repúblicas de Venezuela y Bolivia.

cial radica ya en el viejo hospital montevideano de Saint Bois, convenientemente restaurado, y forma parte del Plan de Equidad que lleva adelante el gobierno del Frente Amplio. Su alistamiento responde a un acuerdo adoptado en la Comisión Mixta Uruguay-Cuba del año 2006. En el pequeño estado sudamericano pasan de 30.000 las personas que cada año requieren intervenciones quirúrgicas para corregir problemas de la vista, en una población poco superior a los 3,3 millones de habitantes.

En Colombia

«Más de 260 jóvenes colombianos se han graduado en los últimos tres años en la Escuela Latinoamericana de Medicina (ELAM) y otros centros universitarios cubanos, como parte de los programas de colaboración de la nación antillana con otros países», informaba PL el 6 de septiembre. El dato fue dado a conocer durante la tercera graduación simbólica de médicos y otros profesionales, presidida por el embajador de Cuba José Pérez Novoa, en la que recibieron reconocimientos ochenta jóvenes licenciados en distintas universidades cubanas. En la ceremonia, que llenó el auditorio de la Secretaría de Salud de Bogotá, Luis Alfonso Caicedo, en nombre de los graduados, resaltó el valor de haberse formado como médicos en la isla, donde «junto a vastos conocimientos adquirieron profundos valores éticos». Asimismo señaló el interés de los nuevos médicos «por aportar en Colombia sus experiencias sobre un sistema de salud que, como el cubano, se fundamenta en la atención primaria y en la prevención». Por su parte, Robin Saldarriaga, presidente de la Asociación de Padres de Familia de los Estudiantes Colombianos, expresó el profundo agradecimiento a Cuba y a su presidente Fidel Castro por la contribución a la formación de los jóvenes. Aseguró que «gracias a esa solidaridad, estos graduados son los hijos de gente humilde, que no pudieron asistir a las universidades privadas por sus altos precios, ni a las públicas, asfixiadas por la falta de presupuesto». En la clausura, José Antonio Solana, consejero de la embajada de Cuba, destacó que en la isla se han formado más de 50.000 jóvenes de 129 países en 58 carreras, de los cuales más de 21.000 son latinoamericanos. El funcionario recordó que a partir de la creación de la ELAM, en 1999, se ha incrementado hasta 1.200 el número de jóvenes colombianos que estudian en la isla y puntualizó que «así Cuba y Colombia siembran futuro y demuestran que lograr un mundo mejor es posible».

En Brasil

El mismo día, trascendía también que el embajador de Brasil en Cuba, Bernardo Pericás, había anunciado en La Habana que esperaba que a finales de 2007 la cifra de becarios de su país en la isla alcanzase el millar. El diplomático declaró que actualmente estudian en la nación caribeña seiscientos alumnos, los cuales, una vez culminada su formación, desempeñarán un importante papel en sus comunidades. «Ellos son mensajeros de la amistad y la solidaridad entre los pueblos de Cuba y de Brasil», aseguró Pericás en un acto por el 185 aniversario de la Proclamación de la Independencia del país sudamericano, efectuado en la sede del Instituto Cubano de Amistad con los Pueblos.

En Angola

Como citar todos los casos de la solidaridad internacionalista de Cuba en las páginas de un solo ensayo es misión imposible, cambiaré de continente para poner como último ejemplo el caso de Angola, un país muy ligado a la isla por haber sido receptor durante los duros años de conflicto bélico del apoyo militar de los revolucionarios internacionalistas antillanos. Precisamente fue el embajador de Cuba en esa república africana, Pedro Ross, el que, según PL, tras una reunión con el presidente José Eduardo dos Santos que tuvo lugar el 7 de septiembre en Luanda, manifestó la disposición de su país a ayudar en la reconstrucción de Angola, lo que fue recogido por todos los medios locales de difusión. «Reconstruir un país, tras una guerra de años –apuntó Ross–

resulta tarea bien difícil, pero con los esfuerzos del gobierno y la posibilidad que ofrecemos, es posible materializarlo». «Una muestra de los deseos cubanos de que Angola se recupere está presente en las decenas de médicos de diversas especialidades que, en apenas dos meses, han efectuado 15.000 consultas y realizado unas setecientas intervenciones quirúrgicas», ejemplificó. «La nación angoleña vive un momento especial y su reconstrucción se ve en todo el territorio nacional, y Cuba, con su experiencia, puede participar en esas faenas para beneficio de todos los ciudadanos de este país», indicó el embajador.

5.– RELACIONES DIPLOMÁTICAS

En el sitio web del Ministerio de Relaciones Exteriores de la República de Cuba,[55] en su apartado "Enfoques", se puede leer que «aun en medio de la épica resistencia de la nación cubana frente a los recrudecidos intentos del imperialismo estadounidense y de sus lacayos por destruirla, valiéndose del huracán que soplaba a su favor, Cuba, en la voz de su gobierno y su pueblo estuvo presente en tribunas y foros internacionales manifestando la inquebrantable decisión de los cubanos de resistir y vencer que era, en definitiva, la más valiosa contribución y el más cálido aliento que el país –en medio de una dramática crisis económica y permanentemente acosado y agredido– podía brindar a la humanidad progresista en medio del sombrío panorama internacional. Pero también se alzó su voz para desenmascarar el llamado nuevo orden, su naturaleza y carácter destructivo, exclusionista y hegemonista y su degradante filosofía enfilada al desarme ideológico y al aplastamiento de la identidad cultural de los pueblos del Tercer Mundo. Se trataba de sembrar ideas, argumentos, de persuadir con la fuerza que éstos suelen tener cuando son auténticos y verdaderos y de crear conciencia sobre la

55. *http://europa.cubaminrex.cu/index.htm.*

posibilidad de producir –mediante la lucha, el compromiso y la mancomunidad de esfuerzos– un vuelco que permitiese a los sectores más esclarecidos comprender que sí era posible retomar el rumbo que conduce a mayores niveles de justicia, equidad y dignidad para las mayorías oprimidas de hoy».

NOAL

Efectivamente, el 3 de septiembre de 2007, el canciller cubano Felipe Pérez Roque presidió en Teherán la Reunión Ministerial del Movimiento de Países No Alineados sobre Derechos Humanos y Diversidad Cultural, según una comunicación de PL. La cita cumplía una decisión de la XIV Cumbre de la organización efectuada en La Habana, en septiembre de 2006. Su objetivo era «reafirmar el compromiso del Movimiento con la defensa de los derechos humanos y la diversidad cultural, sobre la base de los principios de universalidad, objetividad, imparcialidad y no selectividad», contribuyendo, además, «al fortalecimiento de la cooperación entre los países No Alineados».

Argentina

Por su parte, el viceministro cubano de Inversiones Extranjeras y Colaboración Económica, Orlando Requeijo, y el subsecretario argentino de Coordinación y Cooperación Internacional del Ministerio de Relaciones Exteriores, Roberto Ojea, suscribieron al día siguiente, 4 de septiembre, en Buenos Aires el Acta Final de la III Reunión de la Comisión Mixta Intergubernamental entre Argentina y Cuba, según otra nota de PL. Tras la firma, que tuvo como testigo presencial al embajador cubano Aramís Fuente, el funcionario local manifestó que «el encuentro propició satisfacción y aliento para seguir trabajando con resultados». De igual forma, Julia Levi, directora general de Cooperación de la Cancillería argentina, afirmó que «en la sesión de intercambio hubo coincidencias en objetivos y posibilidades». «Durante la cita afloró un espíritu cordial y amistoso, en el que se pusieron de relieve intereses comunes de colaboración, en especial para fortalecer la Cooperación Sur-Sur y trabajar conjuntamente en el sistema de las Naciones Unidas, en todas sus agencias, fondos y programas», afirmó Requeijo. «Además, se acordó establecer un mecanismo de coordinación y seguimiento de los proyectos conjuntos en diversas esferas», añadió. «Asimismo –agregó– se pactó que la IV Reunión de la Comisión Mixta se celebre en La Habana en la segunda mitad de 2009».

Cataluña

El 17 de septiembre de 2007, el presidente de la Generalitat de Catalunya, el socialdemócrata José Montilla, y el vicepresidente, el independentista Josep Lluís Carod-Rovira, recibieron en Barcelona al embajador plenipotenciario de Cuba en España y Andorra, Alberto Velazco San José, quien se encontraba realizando una visita de trabajo en Cataluña donde se entrevistó, además, con otras personalidades políticas y miembros de las asociaciones catalanas de amistad con el pueblo de su país. Según PL, en la conversación con Montilla y Carod-Rovira, quien también es presidente del partido Esquerra Republicana per Catalunya, Velazco les informó acerca del tema del bloqueo económico a Cuba que se debatiría al día siguiente en la Asamblea General de Naciones Unidas. El embajador explicó a los dos dirigentes que el canciller de Cuba, Felipe Pérez Roque, presentaría al plenario un informe detallado de los efectos nocivos de esa arbitraria medida que el gobierno de Estados Unidos aplica contra su país desde hace casi medio siglo. También proporcionó a sus anfitriones información acerca de la Operación Milagro, que ha devuelto la vista a decenas de miles de latinoamericanos, la cual se expande y multiplica por la participación venezolana en esa obra humanitaria. En la reunión, calificada de cordial y amistosa, las partes trataron también sobre la buena marcha de las relaciones entre Cataluña y Cuba. Al día siguiente, el embajador Velazco fue recibido por el jefe de Gobierno del Principado de Andorra, Albert Pintat, y por la canciller Meritxell Mateu.

Unión Europea

«Cuba aceptó una solicitud de la Unión Europea (UE) para sostener un encuentro exploratorio sin considerarlo un diálogo político formal», afirmó el canciller Felipe Pérez Roque en una rueda informativa que tuvo lugar en La Habana el 18 de septiembre de 2007 de la que dio cuenta PL. En respuesta a preguntas de los periodistas presentes, el titular de la cartera de Relaciones Exteriores dijo que «esa reunión se desarrollaría en el marco de la próxima Asamblea General de la ONU». «Sin embargo, para un diálogo político tienen que levantarse previamente las sanciones unilaterales aplicadas por la Unión Europea», aclaró. «A Cuba no se le puede presionar ni amenazar, porque defiende su soberanía y sus derechos, pero hemos accedido a sentarnos en la mesa y sostener conversaciones exploratorias», planteó Pérez Roque. El ministro apuntó que «la presidencia actual de la Unión Europea», ejercida en ese momento por Portugal, «ha tratado de lograr un papel constructivo y la Comisión de la Unión Europea tuvo una posición positiva en relación a este asunto». «Sin embargo, hay diferencias en el interior de esa organización pues otros integrantes no tienen su norte político en Bruselas, sino al norte de Cuba», explicó. Pérez Roque anunció que, en cumplimiento de los acuerdos anteriores entre el reino borbónico y Cuba, se reuniría con su homólogo español, el ministro Miguel Ángel Moratinos, también durante la sesión de la Asamblea General.

Por otro lado, según la misma agencia, el 27 de noviembre de 2007, el viceministro de Relaciones Exteriores Eumelio Caballero reafirmó el deseo de Cuba de desarrollar relaciones con la Unión Europea bajo principios de respeto mutuo y la no injerencia en los asuntos internos. «Observamos que un creciente número de países miembros comienza a comprender la necesidad de rectificar la política que la Unión Europea ha venido aplicando hacia la Isla», expresó Caballero en el inicio de la XIV Conferencia Internacional del Centro de Estudios Europeos celebrada en La Habana. «Sin embargo, lamentablemente, la Unión Europea continúa mostrando su vulnerabilidad a las presiones estadounidenses y su incapacidad para desarrollar una política propia hacia Cuba», puntualizó. Apuntó que «ninguna diferencia con el sistema político cubano tendría que impedir a la Unión Europea una relación con este país basada en el pleno respeto a la soberanía nacional de las partes». El Vicecanciller destacó que «Cuba se enorgullece de su democracia verdaderamente participativa, de la ejecutoria en el ejercicio de todos los derechos humanos por parte de todos sus ciudadanos y de la obra humanista de la Revolución». Señaló también que «la Isla comparte solidariamente con otros pueblos los recursos que ha podido crear, pese al empeño de Estados Unidos en destruirla, que incluyen esfuerzos por arrastrar a otros países aliados, particularmente de la Unión Europea, en su cruzada contra Cuba». «Más de 46.000 colaboradores isleños trabajan hoy en 97 naciones, en lugares remotos y de difíciles condiciones, y estudian en Cuba o con profesores cubanos en el exterior 55.000 jóvenes de 121 países», precisó Caballero. Agregó que «con el método educativo cubano *Yo sí puedo*, validado por la Organización de Naciones Unidas para la Educación, la Ciencia y la Cultura, durante los últimos cuatro años se han alfabetizado 2,6 millones de adultos en 22 estados».

6.- CUBA Y SU MEMORIA HISTÓRICA

La Revolución Cubana siempre ha tenido presentes a sus héroes y mártires, a aquellos hombres y mujeres que ayudaron al país caribeño a recuperar su dignidad y su soberanía, a acercarlo al ideal socialista.

Frank País

Así, la víspera de cumplirse el primer año "sin Fidel", el 30 de julio de 2007, el presidente en funciones Raúl Castro destacó en Santiago de Cuba la trascendencia del ejemplo del revolucionario Frank País, jefe nacional de acción y sabotaje del movimiento 26 de julio, en el 50 aniversario de su asesinato. PL informó del acto celebrado con motivo del Día de los Mártires de la Revolución Cubana, en el que Raúl señaló que Frank País «es paradigma de la estirpe indoblegable de nuestra juventud» y agregó que «la revolución se sustenta en el sacrificio supremo de una generación tras otra, de hombres y mujeres de todas las edades». Tras encender la llama eterna que desde entonces arde en el cementerio Santa Ifigenia, recordó que «el compromiso perenne con los muertos heroicos se ratifica cada año en dos momentos culminantes: el 7 de diciembre por la caída en combate del prócer independentista Antonio Maceo y el 30 de julio, cuando cayó Frank País, víctima de los sicarios de la tiranía». «Nuestro pueblo ha unido para siempre en la historia patria al veterano de tres guerras de independencia con más de 830 acciones combativas y 27 cicatrices en su cuerpo a ese joven revolucionario cuya muerte hizo expresar a Fidel la ya conocida frase "qué monstruos, no saben la inteligencia, el carácter, la integridad, que han asesinado"», dijo el presidente, puntualizando a continuación que «Antonio Maceo y Frank País constituyen símbolos de la decisión de un pueblo de darlo todo por el bien de la patria, por nuestra única e indivisible lucha, primero para hacerla libre, digna y justa y después por garantizar que lo sea siempre». «Asombra que un joven de apenas 22 años haya sido capaz de organizar y dirigir las acciones del 30 de noviembre en apoyo al arribo del yate Granma a las costas cubanas, donde los combatientes revolucionarios, vistiendo por primera vez el uniforme verde olivo, paralizaron prácticamente Santiago de Cuba», manifestó. Recordó también que, después del desembarco, «la incansable y sumamente peligrosa labor de Frank País y de Celia Sánchez, gracias al firme apoyo de valientes y abnegados orientales, resultó decisiva para la recuperación del pequeño contingente rebelde». Raúl Castro dijo que, otro 30 de julio, en 1957, «la tiranía hizo realidad su obsesivo empeño de dar muerte a Frank con la absurda idea de que ello significaría el fin de una batalla, la cual había hecho suya un pueblo entero». Evocó el impresionante entierro que le dio Santiago de Cuba al punto de aterrorizar a sus asesinos, que optaron por ocultarse en sus cuarteles y afirmó que «encendemos esta llama en homenaje al 50 aniversario de la caída de Frank y en honor a los que como él integran la infinita galería de nuestros héroes y mártires y también arde por el pueblo generoso y valiente de Santiago de Cuba». «Esta llama brilla, además, como tributo y compromiso con cada uno de los hombres y mujeres que ya no están entre nosotros, sin cuyo sacrificio no sería posible la patria que hoy nos enorgullece, al Che y a todos los que han ofrecido su vida en cumplimiento del deber internacionalista», expresó. «Será tan eterna como esta Revolución por estar sustentada firmemente en la unidad de un pueblo que ha demostrado con creces su disposición a dar la vida por la patria y por sus ideales», planteó. Raúl Castro concluyó su discurso subrayando que «la actual generación de revolucionarios cubanos enciende esta llama como nueva muestra del compromiso sagrado con nuestros muertos, ante quienes juramos, una vez más, que seremos fieles a su memoria y a su ejemplo».

Los orígenes de la Revolución Cubana[56]

«La reciente conmemoración del centenario de Eduardo Chibás, así como la publicación de un libro sobre la historia del Partido del Pueblo Cubano (ortodoxos), invitan a renovar la reflexión acerca del proceso que alentó el respaldo popular a la insurrección armada y a la posterior consolidación del poder instaurado por la victoria rebelde. En el pasado lúcidamente revisitado están las semillas de lo que hoy tenemos. La visión fragmentaria de esa historia alimenta las tergiversaciones de quienes, desde la otra orilla, intentan desmantelar la memoria. Es también necesaria para los intelectuales solidarios que, desde el primer mundo, analizan el proceso cubano a partir de referentes implícitos que les son ajenos. En efecto, en el trasfondo del hecho revolucionario hubo, por emplear la

56. Artículo de Graziella Pogolotti publicado en *Cubarte* y difundido el 26 de septiembre de 2007 por la agencia de noticias Prensa Latina.

terminología establecida, una conjunción de factores objetivos y subjetivos. Entre los objetivos se encontraban la contradicción entre la opulencia de unos pocos, expresa en la imagen deslumbrante de una zona de La Habana, y la miseria infinita de desempleados y campesinos sin tierra. Entre los subjetivos cabe señalar la conciencia generada a partir de la fundación de la República con la implantación de la Enmienda Platt y la sujeción económica a los intereses del imperio. Sobre el sustrato de la rebelión anti-machadista, fermentaron las ideas orientadas a un proyecto anti-imperialista de liberación nacional.

»El núcleo reducidísimo del primer Partido Comunista fue creciendo a través del involucramiento en el combate contra la dictadura. Perseguido, tuvo que padecer las contradicciones derivadas del sometimiento a la línea general adoptada por la Tercera Internacional al margen de las especificidades históricas y estructurales de cada país. En su periferia, las concepciones marxistas se expandieron. Más tarde, en los cuarenta del pasado siglo, su influencia se hizo sentir en los sindicatos, a través de la acción combativa orientada por dirigentes de talla excepcional como Lázaro Peña, Jesús Menéndez y Aracelio Iglesias, entre otros. Los comunistas contaron, además, con intelectuales de talla, como Juan Marinello, Carlos Rafael Rodríguez y Nicolás Guillén, respetados por amplios sectores de la sociedad. La conciencia desgarrada de la nación mutilada se extendía más allá de la clase obrera y de los militantes comunistas. La avalancha popular que desbordó los partidos políticos para derrocar la tiranía de Gerardo Machado estaba inaugurando, sin saberlo, otra república. En la práctica y en las ideas, superó la etapa electoralista de liberales y conservadores a fin de proponer una agenda diferente. Obreros y estudiantes se constituían en fuerza activa participante en la que intervenía también un amplio sector de las capas medias. Tomaba cuerpo un programa anti-imperialista de liberación nacional. La actuación de Antonio Guiteras contra el monopolio de la electricidad durante el llamado gobierno de los cien días (1933-1934) sembró en el imaginario colectivo un proyecto emancipador nunca sumergido. Sobre esa plataforma democrática creció el partido auténtico que, permeado por la corrupción, se desgajaría con el Partido del Pueblo Cubano, encabezado por Eduardo Chibás.

»Sostenido por una extensa convergencia clasista, ese partido integraba en su dirección a profesores universitarios de trayectoria intachable, a algunos políticos deseosos de beneficiarse de un significativo capital electoral y a un sector juvenil muy radicalizado, germen del futuro Movimiento 26 de julio. Tras la consigna de *vergüenza contra dinero*, se sustentaba un programa de independencia económica, libertad política y justicia social que, llevado hasta sus últimas consecuencias, apuntaba contra el dominio del capital estadounidense y contra la gran propiedad terrateniente. La reciente publicación de *Vergüenza contra dinero*, obra póstuma del investigador Ramón Rodríguez Salgado, revitaliza la memoria de un tiempo y de aconteceres de la vida política cubana poco conocidos por las nuevas generaciones. El contexto de la existencia de Eduardo Chibás evoca el panorama de una clase política hundida en la corrupción que permeaba los tres poderes, el ejecutivo, el legislativo y el judicial, la complicidad de los gobernantes con el pistolerismo, la penetración de la mafia en los negocios derivados del juego y del tráfico de drogas.

»El pormenorizado estudio no logra despejar la incógnita de las razones últimas que condujeron al suicidio de Chibás, enfrentado al entonces ministro de Educación Aureliano Sánchez Arango, acusado de haber adquirido propiedades en Guatemala. Todo hace suponer que el dirigente del Partido del Pueblo Cubano cayó en una celada tendida por quienes le ofrecieron las pruebas tangibles del hecho, que no llegaron a sus manos. Acorralado, puesta en duda su credibilidad, optó por un gesto final, mediante el cual salvaría su legado. Una inmensa manifestación de dolor popular acompañó su agonía y su sepelio. Sin embargo, la unidad del Partido se había forjado en torno a su carismático líder. Después de su desaparición, se evidenciaron las fisuras. Su legado habría conducido a la victoria electoral en junio de 1952. Pero, ante el golpe de estado perpetrado por Fulgencio Batista, las contradicciones precipitaron la crisis definitiva. La siembra resultante de un proceso histórico acumulativo reverdeció en el sector juvenil que emergía con personalidad propia. Desde antes del fallecimiento del líder había formulado un programa de transformaciones radicales. Se trataba de mucho más que de un cambio de equipo gobernante. Tal y como lo expresara Fidel Castro en *La historia me absolverá*, el país reclamaba un proyecto de refundación. Tal era también la aspiración del pueblo, partícipe de una larga secuencia de luchas y de frustraciones».

7.– CUBA Y LAS NUEVAS TECNOLOGÍAS

Como no podía ser de otro modo, la informática acapara también el interés de los cubanos, hombres y mujeres. Así, el 9 de septiembre de 2007, PL informaba de que más de 200.000 ciudadanos de ambos sexos y diversas edades, acceden cada año a cursos regulares de informática ofertados en las instalaciones existentes hoy en todo el país con ese fin. Al cumplirse el vigésimo aniversario del programa de los llamados Joven Club en Cuba, se pronostica que en los próximos cuatro años habrán salido de las aulas dos millones de graduados en esta ciencia, sin contar el número de estudiantes que reciben esta materia como asignatura en la escuela. El diario *Juventud Rebelde* destaca el impacto de la instalación de los Joven Club de Computación en todos los municipios de la nación, además de comunicar la puesta en funcionamiento de cinco autobuses destinados a llevar esta enseñanza a lugares intrincados y la creación de *software* para la informatización de la sociedad cubana, en especial de la comunidad, los cuales van desde sistemas de contabilidad hasta la realización de multimedias educativos y la automatización de procesos.

8.– EL SON DE CUBA

Se dice, con razón, que las mujeres y los hombres cubanos, desde que aprenden a andar hasta que mueren, son muy capaces de fabricar música con un palo y una lata. Cuando, además, cuentan con el necesario talento, surgen artistas de la talla de Noel Nicola, Silvio Rodríguez, Pablo Milanés y tantos otros…

Noel Nicola, presente en una antología de 37 canciones

La presentación del álbum-homenaje 37 *canciones de Noel Nicola* se convirtió el 17 de septiembre de 2007 en un metafórico abrazo al fallecido trovador cubano, uno de los fundadores del Movimiento de la Nueva Trova, autor de una obra musical de raíz perdurable, informó ese día PL. El proyecto comenzó a gestarse aún en vida del artista, por iniciativa de Silvio Rodríguez, y a él se sumaron más de doscientos técnicos, compositores e intérpretes de Cuba, España, Venezuela y Uruguay. Concebido como «un tributo de amistad y amor a Noel», pone de relieve «toda la avalancha de poesía» que nació fusionada con la música de Nicola. Figuras de la talla de Juan Formell, Chucho Valdés, Omara Portuondo, Luis Eduardo Aute, Caco Senante, Daniel Viglietti, Tania Libertad, Adalberto Álvarez, Leo Brouwer, Elmer Ferrer y Polito Ibáñez contribuyeron a prestarle realce, entre muchos otros viejos amigos y «los más jóvenes colectores de su legado». Músicos de diversas latitudes y variadas tendencias dejaron su impronta a este homenaje en forma de álbum que ya ha sido catalogado como una joya coleccionable.

Precedido de un documental en el que emergió el Noel Nicola humano, capaz de relegar su creación personal en aras de organizar y echar a andar el Movimiento de la Nueva Trova, al que imprimió su sello, Silvio Rodríguez lo hizo revivir también en una entrañable evocación. De sus palabras surgió el Nicola lúcido y efervescente, pulcro y de una integridad a toda prueba, con su cabellera al viento, su limpia juventud desafiante, su guitarra bajo el brazo, sencillo y terrenal, el de todos los días. El que «podía cantar tan fuerte y sostenido que siempre le pedíamos que diera las notas más altas en los coros, como fue el caso del la agudo en la muy sonada Cuba Va». El Noel Nicola de apariencia frágil pero de una tremenda fuerza de carácter. El que «trasnochaba elaborando reglamentos y estatutos, yendo de un sitio a otro, coordinando encuentros y festivales», el de las aventuras y sueños comunes, el que «en 1976 cantaba en las trincheras de Angola con un AK-47 colgado del hombro».

«Aquí, en este disco –dijo Silvio– encontrarán un hombre amando con intensidad y al mismo hombre combatiendo la muerte, el machismo, la burocracia, el oportunismo, la indolencia (...), de un sentido ético de profundo calado revolucionario». El que «en un instante de inspiración chaplinesca se autodenominó trovador sin suerte», pero «por fortuna, en la misma canción, dejó muy clara su intención irónica».

Silvio Rodríguez prefiere el diario *Gramma* a los Grammy

Y hablando de Silvio Rodríguez, la misma agencia difundía al día siguiente que el conocido cantautor cubano había restado importancia a su nominación a los premios Grammy, al afirmar que prefiere el diario *Granma*, el de mayor circulación en la isla, a los lauros de la Academia Discográfica Latina. En respuesta a una pregunta durante la presentación del mencionado álbum-homenaje a Noel Nicola –a quien calificó de su hermano–, dijo con el estilo desenfadado que lo caracteriza: «¿El Grammy? Tengo el *Granma*, que me interesa más». Silvio fue nominado a los premios de la Academia Latina de las Artes y Ciencias Discográficas por su disco *Érase que se era*, integrado por 25 canciones alimentadas por la poesía, la memoria, el compromiso y una profunda ética. Se trata de una recopilación de temas escritos entre los años 1968 y 1970, muchos de ellos hasta ahora inéditos.

Estados Unidos ha negado sistemáticamente en los últimos años el permiso de entrada a músicos residentes en Cuba, nominados a los Grannmy. En 2006 ocurrió lo mismo con Pablo Milanés, otro integrante de la Nueva Trova, uno de los movimientos más auténticos y renovadores de la música surgida en los años sesenta y que ha influido notablemente en la canción en idioma castellano.

9.– CUBA ES DE CINE

El 29 de agosto de 2007 pudimos conocer por PL que el film *La edad de la peseta*, de Pavel Giroud, ganador de varios premios internacionales, fue el elegido para representar a Cuba en la competición por una candidatura al Oscar 2008 como mejor película extranjera, además de ser ya la propuesta a los Goya de la Academia española de Cine, en la categoría de mejor largometraje iberoamericano. Coproducida por la República de Venezuela y el Reino de España, la cinta aborda una historia de corte intimista sobre el tránsito de la niñez a la adolescencia y las relaciones del protagonista con el mundo familiar que lo rodea, en particular su madre y su abuela, en el ámbito habanero de los años cincuenta del pasado siglo. Ubicada hacia el final de esa década –cuando eran inminentes el triunfo revolucionario y los cambios sociales de los años sesenta–, *La edad de la peseta* toca el tema de la emigración, un fenómeno presente en casi todas partes del mundo. Protagonizada por la actriz española Mercedes Sampietro, los cubanos Susana Tejera y el debutante Iván Carreira Lamothe, elegido con acierto por Giroud, la película se caracteriza por la excelente dirección de actores, la música de Ulises Hernández y la recreación de la época, conseguida gracias al exquisito trabajo de Vivian del Valle, con énfasis en la atmósfera y los detalles.

El 4 de diciembre, la misma agencia informaba del comienzo del 29 Festival del Nuevo Cine Latinoamericano de La Habana, que despegaba ese día con una multitud de propuestas fílmicas que inundaron las pantallas apenas iniciada la mañana. Cinco mil personas llenaron la sala para recibir el primer abrazo de bienvenida en las palabras de Alfredo Guevara, fundador y presidente del certamen. Hubo, cómo no, música, y destacó la presencia en pantalla de la cruenta guerra impulsada por el gobierno de los Estados Unidos contra Iraq, en la trama de *Redacted*, película realizada por el estadounidense Brian de Palma a partir de una historia real, una denuncia de la manipulación de los medios informativos y su distorsión de la realidad. De Palma siempre ha sido tajante al opinar sobre la agresión de su país al pueblo Iraquí. «Se está haciendo mucho mal, está muriendo mucha gente (...) creo que las tropas deberían salir de allí cuanto antes». Más de cien películas en competencia, con especial brillo en los largometrajes de ficción y óperas primas, reveladoras del avance de la cinematografía en el área y la irrupción de directores jóvenes con una mirada original. El relevo haciendo su entrada... Las coproducciones como una constante y una vía para abrirse camino, pese a algunos riesgos inevitables. A veces dos o tres países latinoamericanos sumando sus fuerzas en un proyecto común. Otro rasgo distintivo: las mujeres emergiendo en la palestra, como en el caso de Argentina. Tres de los cuatro filmes de ficción concursantes estaban sido dirigidos por mujeres: Anahí Berneri (*Encarnación*); Sandra Gugliota (*Las vidas posibles*) y Ana Katz (*La novia errante*). El cuarto largometraje lo dirige Ariel Rotter. Bajo el título de *El otro*, el largometraje ganó el premio del jurado y el de mejor actuación masculina para Julio Chávez, en el pasado festival de Berlín. Brasil concursó con cinco títulos en esa categoría, hilados en distintas cuerdas narrativas, mientras México sobresalió en óperas primas con unas cuantas cintas que pasaron la prueba de público y crítica. El festival, que se expandió y creció en 2007 para abarcar las capitales de las trece provincias de la isla y varios municipios, tendrá este año invitados de excelencia como la actriz alemana Hanna Schygulla y el español Javier Bardem. Junto a ellos estarán los mexicanos Gael García Bernal y Diego Luna, que dieron el salto a la fama con una polémica película titulada *Y tu mamá también*.

10.– JUVENTUD Y REBELDÍA

El 28 de agosto de 2007, PL se hacia eco de una noticia publicada en el periódico *Juventud Rebelde* informando de que la Unión de Jóvenes Comunistas y las organizaciones estudiantiles cubanas habían convocado para ese día una jornada de trabajo voluntario, dedicada a rendir homenaje al guerrillero internacionalista Ernesto *Che* Guevara con motivo del inminente comienzo del nuevo curso escolar. «Inspirados en su ejemplo, convocamos a una jornada nacional de trabajo voluntario en todos los centros educacionales el próximo sábado», decía la nota. Según el texto, «las principales labores estarán dirigidas al acondicionamiento de las escuelas, así como a la preparación de variadas actividades de carácter docente y educativo por parte de estudiantes y profesores». La convocatoria recomendaba emplear a los jóvenes en número ajustado al mínimo necesario, evitar en lo posible los traslados y cumplir el concepto de uso más racional de las fuerzas y el ahorro de recursos y combustibles. «Será un modesto aporte de la juventud cubana al noble empeño de nuestra patria para crear las condiciones necesarias en el inicio de esta etapa, y un digno homenaje al paradigma de los valores revolucionarios que constituye el Che», precisaba el comunicado.

Algunos días después, el 9 de septiembre, la misma agencia informaba de la incorporación de unos 43.000 jóvenes cubanos de ambos sexos al trabajo social comunitario a lo largo de toda la isla, como parte de un programa impulsado por Fidel Castro siete años antes. En ese sentido, PL volvía a remitirse a *Juventud Rebelde*, diario que destacaba en su portada este acontecimiento, fruto de las constantes transformaciones que tienen lugar en el país para elevar el nivel de vida de sus habitantes. Según el periódico, «en estos momentos los trabajadores sociales investigan la situación en la atención a los adultos mayores, quienes suman alrededor de 1,8 millones». Según la agencia, Enrique Gómez, director del proyecto a nivel nacional, informó al rotativo de que «el séptimo aniversario de esta iniciativa será conmemorado con una reunión de trabajo sobre el impacto de las distintas misiones en la sociedad», agregando que «los delegados debatirán acerca de la atención a los niños, personas con discapacidad y adultos mayores, empleo juvenil, delito y reinserción social». Así, pudimos saber que también abordarían su participación en tareas de la Alternativa Bolivariana para las Américas y la Revolución Energética en Cuba y en el exterior, además de la superación profesional. Entre los éxitos de la etapa, Gómez citó el estudio integral de la población infantil del país, que determinó la cifra de pequeños con problemas nutricionales y otros tipos de trastornos, familiares y sociales, y permitió iniciar su atención personalizada. Asimismo, recordó la labor en la Revolución Energética, en la que han participado más de 30.000 trabajadores sociales en el cambio de bombillas y equipos electrodomésticos para propiciar el uso eficiente de los recursos energéticos.

11.– RESPETO INTERNACIONAL

Pese a la constante intoxicación mediática que sufre la opinión pública mundial sobre la realidad de la Revolución Cubana, su ejemplo de honestidad consigue trascender, siendo cada día más respetada por pueblos y gobiernos. Así, el 6 de septiembre de 2007, «el ministro de Desarrollo Social de Sudáfrica, Zola Skweylya, elogió los logros de Cuba en diferentes esferas», informó ese día el Instituto Cubano de Amistad con los Pueblos, según una nota difundida por PL. De acuerdo con un comunicado de la entidad, Skweylya también manifestó su satisfacción por la firma de varios convenios de colaboración con las autoridades de la nación antillana. La víspera, el ministro había depositado una ofrenda floral ante el monumento del líder anti-apartheid de su país Oliver Tambo, ubicado en el Parque de los Próceres Africanos de La Habana. En el acto estuvo presente Buenaventura Reyes, vicepresidente del Instituto Cubano de Amistad con los Pueblos, quien subrayó los fuertes lazos de hermandad que unen a ambos Estados. Reyes agradeció al gobierno sudafricano y al continente africano en general, el apoyo brindado a Cuba en la ONU, en la lucha por poner fin al bloqueo económico, financiero y comercial impuesto por Estados Unidos a la isla desde hace casi medio siglo. «Cuba continuará brindándole a África ayuda solidaria», aseguró Reyes, y reiteró que «el país caribeño no ofrece lo que le sobra, sino que comparte lo que tiene».

Y en el mismo sentido, dos días después, el 8 de septiembre, la vicepresidenta de Zimbabwe, Joyce Teurai Ropa Mujuru, declaró públicamente al poco de llegar a la Habana con motivo de una visita oficial de cuatro días a la isla para fortalecer los vínculos bilaterales: «Hay muchas cosas que podemos aprender de Cuba, a la que tenemos como nuestra hermana mayor». Ropa Mujuru explicó que había ido a Cuba «a profundizar en los programas que mantiene con La Habana en materia educacional, sanitaria y protección de la mujer». De acuerdo con la agenda, la vicemandataria se entrevistó con el vicepresidente del Consejo de Estado Esteban Lazo y con otros dirigentes cubanos, además de recorrer varios lugares de interés cultural y científico. Su visita, que concluyó el día 12, fue «una expresión de las excelentes relaciones existentes entre los dos gobiernos y pueblos y resultó propicia para intercambiar puntos de vista sobre temas de la situación regional e internacional», dijeron fuentes locales.

12.- YO SÍ PUEDO

Se podrían poner mil y un ejemplos, pero he elegido dos que dan una idea de la eficacia del método cubano *Yo sí puedo* en la lucha contra el analfabetismo en los países empobrecidos por el capitalismo reinante.

Haití

El 7 de septiembre de 2007, PL informaba de que al día siguiente comenzaría en Haití la aplicación del plan *Yo sí puedo*, elaborado por especialistas cubanos en pedagogía. El programa se aplica en varios estados en diferentes idiomas, incluidas lenguas aborígenes iberoamericanas, y ha redundado en la disminución sustancial del analfabetismo. Con motivo del inicio oficial de la campaña contra esa lacra se desplazó a Puerto Príncipe una delegación encabezada por Francisco Pereira, viceministro primero de Educación de Cuba, que fue recibida por Carol Joseph, secretario de Estado de Haití para la Alfabetización.

Panamá

De igual modo, un día después, el 8 de septiembre, Panamá hacía lo propio, según una noticia difundida también por PL. Efectivamente, con la ayuda del mismo método, Panamá está librando su particular batalla por la cultura, con el fin de declararse libre de analfabetismo antes de finalizar el año 2009, según los planes gubernamentales. El influyente diario panameño *La Prensa* destacaba ese día en primera plana el éxito que comienzan a cosechar los primeros alfabetizados mediante la novedosa metodología, que se apoya en la voluntad y modernos medios técnicos, como las vídeo clases. El extenso reportaje, que se extendió en una página interior con fotos de los adultos estudiantes, estimaba que el programa *Yo sí puedo* llegaría en octubre a las tres comarcas indígenas, donde el analfabetismo alcanza el 46% de la población. A título de ejemplo presentaba en su portada una fotografía a todo color de Clementina Ortega, quien empezó en julio el curso y, a pesar de padecer cataratas, ya había aprendido a escribir su nombre.

En Panamá hay 168.140 analfabetos, según el censo del año 2000, de los que 40.000 estaban ya alfabetizados a 31 de diciembre de 2007. «Para enseñar a los adultos, las *facilitadoras*[57] aplican el método denominado *de lo conocido a lo desconocido*, en el que a cada letra se le da un núme-

57. Voluntarias.

ro», explicó Victoria González, una de las coordinadoras del programa. *La Prensa* subrayaba, además, en su editorial que «la educación es el motor del desarrollo, y mientras no volquemos nuestros recursos en esa dirección, no lograremos salir del pantano tercermundista». Es imperdonable, afirmaba, que «en un país como Panamá, con una población pequeña, con abundantes recursos y con el auge económico que atraviesa, todavía tengamos más de 150.000 personas analfabetas».

13.– EDUCACIÓN PARA LA CIUDADANÍA

Estoy seguro de que mi buen amigo Carlos Fernández Liria, profesor de Filosofía en la madrileña Universidad Complutense y autor, junto a su hermano Pedro y a Luis Alegre Zahonero, del pedagógico *best-seller* contracultural *Educación para la ciudadanía*, verá con buenos ojos que recupere aquí ese título para definir el alcance que tiene en Cuba el concepto de "educación" en lo cuantitativo y en lo cualitativo. Para que se hagan una idea, el 29 de agosto de 2007, PL difundía las palabras del ministro de Educación Superior, Juan Vela, informando de que «la matricula en las universidades cubanas para este curso 2007-2008 se elevaba a más de 700.000 estudiantes, ligeramente mayor al período anterior». En declaraciones a los medios de comunicación, Vela aseguró que «existen mejores condiciones para enfrentar el nuevo curso, en cuanto a la preparación docente y el aseguramiento de la base material de estudio y de vida en las residencias universitarias». El ministro visitó las instalaciones de la Universidad Central Marta Abreu, en la ciudad de Santa Clara, a 270 kilómetros de La Habana, donde constató la preparación de su personal docente y de aseguramiento para el inicio del período escolar. Por su parte, el primer secretario del Partido Comunista de Cuba en Villa Clara, Omar Ruiz, elogió las condiciones del centro, uno de los más importantes del país por su calidad docente y resultados en el trabajo. En Cuba también existe el plan de municipalización de la universidad o universalización, por el que todo ciudadano o ciudadana que lo desea puede acceder a estudios superiores mediante sedes universitarias creadas en sus zonas de residencia.

»En cuanto a la enseñanza obligatoria, el 30 de agosto de 2007, el ministro cubano de Educación, Luis Ignacio Gómez, declaraba en La Habana que la isla está entre los países con una mayor tasa de maestros *per cápita*, con un docente por cada 36 habitantes, según una nota difundida por PL. En una conferencia de prensa efectuada en la sede del ministerio, Gómez informó ese día de que alrededor de 300.000 profesores instruirán durante este curso escolar a 3.300.000 estudiantes en los niveles comprendidos entre el preescolar y el preuniversitario, ambos inclusive. El ministro indicó también que el claustro nacional contempla en su nómina 32.000 estudiantes de las carreras pedagógicas. Gómez destacó el apoyo de las organizaciones y entidades que garantizan el mobiliario, uniformes, alimentación, transporte y reparación de escuelas, con el objetivo de mejorar la calidad de la enseñanza en todo el país. Asimismo, Gómez resaltó que la educación es una prioridad para el Estado cubano, que cada día incrementa los esfuerzos en este sentido, a despecho del bloqueo económico impuesto por Estados Unidos desde hace casi medio siglo. Por su parte, el viceministro cubano de Educación Jorge Hidalgo dijo a la prensa que «los estudiantes contarán con nuevos medios de enseñanza para su aprendizaje, como juegos didácticos, laminarios, artículos para las artes plásticas e implementos deportivos» e informó de que «los internos, que suman más de medio millón de alumnos, serán avituallados con los recursos necesarios que garanticen la calidad de vida en los planteles».

Cuba va a la escuela

Unos días después, el 3 de septiembre de 2007, Cuba iniciaba el presente curso escolar con la convocatoria de millones de personas entre alumnos y educadores de todos los niveles. «Hoy habrá muy pocas personas que queden al margen del acontecimiento, confiadas en que todo se encuentra listo para el inicio del nuevo período lectivo», confirmó a la prensa Luis Ignacio Gómez, según PL. «Podemos asegurar que hay muchos más recursos que en procesos anteriores y que la base material está completa», manifestó el ministro durante una rueda informativa en la que convocó a lograr un curso superior al anterior. Además de los libros, libretas y lápices que se les entrega gratuitamente a los escolares, en el presente curso se han incluido otros materiales que –según Gómez– «mejorarán notablemente las posibilidades de educación integral de los estudiantes». En el asunto de la suficiencia de la plantilla, el titular de la cartera de Educación también aseguró que «el sector trabaja para tener cubiertos los colectivos de profesores y maestros necesarios en cada enseñanza». Así, indicó que el propósito del organismo para este curso «es elevar el interés por el estudio individual y mejorar el aprovechamiento de los recursos disponibles para obtener mejores resultados». «Las acciones desarrolladas anuncian que existen las condiciones necesarias, como es una proporción adecuada de maestros por alumnos, así como la base material de estudio, y equipos audiovisuales y de computación para el correcto empleo de tele-clases», apuntó.

Las montañas cubanas reciben a miles de estudiantes

También el 3 de septiembre, PL recordaba que la educación alcanza en Cuba a todos sus habitantes sin distinción, incluidos los que residen en los lugares más recónditos. «Las escuelas en las montañas cubanas, al igual que en las ciudades, comunidades y bateyes,[58] recibieron hoy a miles de niños y jóvenes para dar inicio al curso 2007-2008», informaba ese día la agencia. Hasta en lo más intrincado del territorio nacional cubano está garantizada

58. En los ingenios y demás fincas de campo de las Antillas, lugares ocupados por las casas de vivienda, calderas, trapiche, barracones, almacenes, etc.

la educación, el material de estudio, el maestro, la escuela y los adelantos de la tecnología (la energía eléctrica, la televisión, el vídeo y el ordenador). Así, en Sancti Spíritus, a unos 350 kilómetros al este de La Habana, más de cien mil estudiantes, casi uno de cada cuatro habitantes, fueron recibidos en más de seiscientos centros docentes. También la Facultad Agropecuaria de Montaña del Escambray, ubicada en Topes de Collantes, recibe jóvenes de esa provincia así como de las de Villa Clara y Cienfuegos. Este centro constituye, en el llamado Plan Turquino, un importante baluarte en las investigaciones científico-técnicas que desarrollan las universidades cubanas. En las últimas tres décadas los espirituanos, hombres y mujeres, han visto crecer en casi un 50% la inscripción en primaria, secundaria, educación de adultos y cursos para trabajadores.

La educación cubana busca la consolidación de las transformaciones

En el sentido integral que he mencionado anteriormente, se puede afirmar sin riesgo de equivocarse que la educación, en el sistema cubano, busca sinceramente la consolidación de las transformaciones emprendidas en el año 2.000, como aseguraba tres días después Luis Ignacio Gómez, al expresar su convicción de que el actual año lectivo será uno de los mejores, según otra noticia difundida por PL el 6 de septiembre. «Hemos acumulado una gran experiencia con la Batalla de Ideas», señaló Gómez después de inaugurar ese día una escuela para profesores en las afueras de La Habana. «Los programas educacionales establecidos por la Revolución en el año 2000 están prácticamente consolidados», expuso el ministro cubano al tiempo que ejemplificó que «más de 5.500 jóvenes formados en cursos emergentes ya son graduados universitarios» «A la existencia del personal docente preparado se añade un mayor aseguramiento material que el de años anteriores», manifestó Gómez. «Todas estas razones se suman al éxito de la universalización de la enseñanza superior, que nos ha permitido la formación de maestros y otros profesionales», añadió. La adecuada formación de los alumnos «se cuenta entre las prioridades del actual año académico», aseguró el ministro. «Tenemos que lograr una elevada cultura política en todos nuestros jóvenes, para que tengan conocimientos profundos sobre los conflictos que amenazan la supervivencia de la especie humana», subrayó. Al enumerar las posibilidades de la enseñanza en la nación caribeña, Gómez puso énfasis en las garantías de continuidad de estudios que otorga el Gobierno a todos los estudiantes del país. El titular de Educación destacó el papel del pueblo en el desarrollo del sistema de enseñanza, «pues con su cultura y conciencia otorga el máximo valor a la educación por encima de cualquier bien material». «La Revolución siente aprecio, respeto y admiración por sus educadores, pues reconoce su invalorable contribución a la formación de las nuevas generaciones», subrayó.

14.– LA REVOLUCIÓN, FEMENINO SINGULAR

Las mujeres están especialmente presentes en la Revolución desde antes de su triunfo, cuando combatían contra la dictadura. Por estar normalizada en Cuba la igualdad de género, aunque haya que seguir batallando contra la idiosincrasia machista en lo particular, no me extenderé en ejemplos. Sólo dos que reflejan una idea de su presencia en hechos tan cotidianos como las elecciones y la educación.

Mujeres cubanas convocan a ejemplares elecciones generales

El 1 de septiembre de 2007, la Federación de Mujeres Cubanas exhortaba a proponer como candidatos a delegados en las próximas elecciones generales a los ciudadanos y ciudadanas con méritos, capacidades, autoridad moral, prestigio y disposición para servir al bien común. En un llamamiento publicado ese día por el diario *Granma* y difundido por PL, la mayor organización femenina de la isla afirmaba que «es un derecho ciudadano y un deber elegir a quienes representarán a la población en los órganos del Poder Popular». «En todas las comunidades –precisaba el documento– existen compañeras y compañeros que son líderes auténticos: jóvenes estudiantes, trabajadores, campesinos, artistas, científicos, jubilados y amas de casa». Agregaba el texto que «juntos avanzan con tenacidad y estoicismo enfrentando las agresiones imperialistas y nadando contracorriente en este mundo unipolar, decididos a defender a cualquier precio los principios y valores que sustentan el sistema social cubano». El llamamiento hacía hincapié en que «en los barrios y poblados, en cada circunscripción, entre los más destacados se encuentran las candidatas y candidatos con las condiciones requeridas». Agregaba que las mujeres cubanas han sido heroínas de la resistencia y la creatividad: «Ni en los peores años de la crisis económica menguó su protagonismo social, en la familia y en la comunidad». Precisaba también que «hoy representan casi la mitad de quienes trabajan en la economía estatal civil y son mayoría evidente (66%) en la fuerza técnica y profesional, además de ser valiosa su experiencia como dirigentes y activistas comunitarias». La Federación de Mujeres Cubanas señalaba que «son millones los compatriotas que día a día deciden con entrega y esfuerzo los destinos del país».

Mujeres cubanas reiteran su cooperación con los planes educacionales

Dos días después, el 3 de septiembre, la misma federación femenina reiteraba que redoblará su apoyo a los planes educacionales del país incorporando más amas de casa a las aulas y elevando el trabajo con la familia y los menores. Según PL, con motivo del inicio del nuevo curso escolar en Cuba, representantes de la organización femenina destacaron que «en la mayoría de los hogares cubanos no sólo estudian niños y jóvenes, pues el resto de la familia tiene también la posibilidad de superación». «Esto último se logra mediante los cursos de superación integral a nivel municipal o en la Universidad del Adulto Mayor», agregaron. «Nos proponemos abordar en nuestras actividades, cada vez más, un correcto enfoque de igualdad y continuar fortaleciendo los ideales revolucionarios defendidos por la sociedad que nos ha formado», añadieron. «Igualmente –puntualizaron–, potenciar el trabajo y el ejemplo de la familia donde se forjan los sentimientos humanos y la firmeza en los principios morales, éticos, patrióticos y solidarios».

15.– REVOLUCIÓN Y DEMOCRACIA

El 30 de abril de 2007, el comunicador vasco José Manzaneda[59] describía así en *Cubainformación*[60] el sistema electoral cubano basado en la democracia directa: «En Cuba hay dos tipos de elecciones: cada dos años y medio se eligen a los delegados y delegadas a las asambleas municipales, y cada cinco hay tanto elecciones provinciales como generales, es decir, de diputados y diputadas de la Asamblea Nacional.

»El voto en Cuba es universal, secreto y –a diferencia de numerosos países de América Latina– voluntario, no obligatorio. La edad mínima de voto es de 16 años. Todos los electores y electoras tienen el derecho a ser elegidos como delegados si han cumplido los 16 años, y como diputados a la Asamblea Nacional si han cumplido 18.

»En Cuba las personas candidatas no son propuestas por estructuras de partido sino por asambleas en el vecindario. Es cierto que en Cuba existe un Partido único, el Partido Comunista de Cuba, por decisión del pueblo cubano en referéndum al aprobar la Constitución de 1976. Pero el partido no interviene en el proceso electoral ni propone candidaturas. De hecho, existen delegados y diputados que son militantes del Partido y otros que no lo son.

»Los candidatos a delegados a las asambleas municipales son propuestos en reuniones de electores en cada

---

59. José Manzaneda: *¿En Cuba no hay elecciones?*, *Cubainformación*, 30-04-2007.

60. *http://www.cubainformacion.tv/*.

barrio o circunscripción electoral. Cualquier persona puede proponerse a sí misma o proponer candidatos. Deberá explicar en la asamblea los méritos y cualidades de la persona propuesta, y una votación a mano alzada del vecindario reunido decidirá por mayoría las candidaturas finales.

»Cuando se afirma que cualquier persona puede presentarse a las elecciones cubanas, están incluidas aquellas calificadas como "disidentes" en los grandes medios de comunicación internacional. Hasta la fecha, en las contadas ocasiones en que han participado en el proceso, jamás han conseguido el más mínimo porcentaje de apoyo de sus vecinos.

»Para garantizar la más estricta igualdad de oportunidades para las diferentes candidaturas, está prohibida cualquier tipo de propaganda para favorecer a un candidato. Las comisiones electorales colocan una fotografía y la biografía de los candidatos propuestos en lugares de afluencia de la población, siendo la única información pública dirigida al electorado.

»El voto es absolutamente secreto. Los lugares de votación no están vigilados por ninguna fuerza de orden público, y las urnas son custodiadas por escolares de enseñanza primaria. El escrutinio se realiza de forma pública y puede ser observado por cualquier persona cubana o extranjera.

»Ningún diputado o delegado electo, de cualquier nivel, recibe salario o dieta por su condición de representante público. Como norma no son políticos profesionales, aunque quienes deben dedicarse a tiempo completo a la actividad pública pueden ser liberados de su trabajo habitual recibiendo el mismo salario anterior.

»En cada circunscripción electoral –correspondiente básicamente a un barrio– se elige a un delegado o delegada, que conformará junto al resto de delegados las asambleas municipales. Esta persona es un vecino más del barrio, que no cobra salario por este trabajo, pero que debe dedicar un enorme esfuerzo y sacrificio al trabajo en la comunidad. Estos delegados deben rendir cuenta a sus electores dos veces al año, en asambleas de la comunidad, donde se plantean todo tipo de aportaciones y críticas. La experiencia de los delegados y delegadas de circunscripción, prácticamente única en el mundo, es uno de los grandes factores de la participación democrática y uno de los pilares del sistema de democracia socialista de Cuba».

Los hechos confirman lo dicho por Manzaneda. Así, el 28 de agosto de 2007, Cuba estaba ya lista para comenzar la postulación de los candidatos a delegados a las asambleas municipales del Poder Popular, según manifestó a *Granma* la ministra de Justicia y presidenta de la Comisión Electoral Nacional (CEN) María Esther Reus y difundió PL. Así nos enteramos de que a partir del día siguiente, 1 de septiembre, se realizarían alrededor de 50.600 reuniones de vecinos, unas 9.000 más que en los comicios del 2005, en las que los ciudadanos, sin la intervención del Partido Comunista, escogerían a quienes desean que los gobierne. «Ello será un proceso de indiscutible valor democrático, pues nuevamente será el pueblo el encargado de proponer y nominar a sus futuros representantes en los órganos del Poder Popular», consideró la dirigente. Asimismo indicó que «cualquier ciudadano en plenitud de sus derechos electorales podrá proponer a otros y resultar nominado, lo que denota un rasgo distintivo de los comicios en Cuba». Precisó también que «estas reuniones se iniciarán el próximo sábado por una cantidad reducida de asambleas dentro de cada municipio, de modo que esos mismos encuentros sirvan de ejercicio demostrativo para las comisiones electorales de otras circunscripciones».

El proceso, en el que la selección de entre dos y ocho candidatos se realiza a mano alzada, se extendería hasta el 26 de septiembre. Reus apuntó que entre las condiciones para que se desarrollen satisfactoriamente las asambleas están la «buena preparación de las autoridades electorales, la organización al detalle y un adecuado soporte tecnológico para la transmisión de datos». Asimismo, aseveró que todos los integrantes de la CEN seguirán de cerca el desarrollo de las asambleas, «lo que permitirá ayudar en lo que sea necesario y ejercer la fiscalización a través de visitas por sorpresa a distintas localidades». Las últimas elecciones generales cubanas fueron convocadas el 9 de julio de 2007, mediante decreto del Consejo de Estado. En la primera etapa, el 21 de octubre se renovaron las asambleas municipales, mientras que en la segunda se eligieron los delegados provinciales y diputados al Parlamento.

Un proceso informatizado

El proceso electoral contó con el respaldo informático necesario para acceder a las comisiones electorales, incluidas las de distrito, y recoger la información generada durante los comicios. Así, la empresa Desoft del Ministerio de Informática y las Comunicaciones (MIC) asumió la aplicación del sistema Elena 2007 para procesar los datos de los nominados, los resultados de las pruebas dinámicas y los partes electorales en el transcurso de la votación. También fueron tramitados por esa vía los resultados de los escrutinios y la constitución de las asambleas municipales, provinciales y el parlamento cubano, según el sitio web *Cubahora*.[61] Otra entidad del MIC responsabilizada con ese soporte técnico, Copextel, asumió la instalación y asistencia técnica a los ordenadores de las comisiones electorales, en tanto el centro de datos de ETECSA hospedó y estableció la indispensable conectividad. La experiencia de tres décadas de elecciones permite el empleo de otras vías para tramitar la información generada en estos acontecimientos, como es el caso de los radioaficionados en la transmisión de datos desde zonas apartadas del país. A los comicios anteriores, celebrados en el año 2005, acudieron a votar más de ocho millones de cubanos, hombres y mujeres, cifra que representó el 96,66% del censo electoral. En esta ocasión la participación descendió ligeramente, según datos del 22 de octubre. Así, ese día María Esther Reus cifró en el 95,44% el porcentaje de electores

61. *http://cubahora.co.cu/*.

cubanos que ejerció su derecho de sufragio, exactamente 8.174.351 personas. «Hay que destacar que, entre los delegados elegidos, 2.053 son jóvenes y 3.288 son mujeres, más de 1.600 en relación con el período anterior», manifestó la ministra.

Anexos

Anexo I
Batalla de ideas

El revolucionario riesgo de la verdad[62]

Por Soledad Cruz[63]

Mejor sirve a la patria quien le dice la verdad. Ésa es una de las máximas martianas a las que me aferro, aunque me ha costado caro en mi larga militancia. No digo que tenga la verdad absoluta, que no existe, ni sea poseedora total de la verdad dialéctica, que suele ser escurridiza, me refiero a la vocación de decir lo que veo, los hechos que, como dijo Lenin, son testarudos, a mi pequeña verdad individual nutrida de las otras verdades que, día a día, me trasmiten mis compatriotas. Pero sucede que en el periódico, al que estoy vinculada desde el año 1970, no puedo hacerla pública porque entre las taras estalinistas de las cuales no ha podido librarse el socialismo cubano está el mantenimiento de un periodismo al margen de la dinámi-

62. Artículo publicado en *Kaos en la Red*, 20-07-2007.

63. Nacida en Camagüey (1952), es periodista y escritora y ha sido reconocida con el premio Internacional de Periodismo José Martí y con el Premio Nacional de Literatura para niños *La rosa blanca*, entre otros. Fue embajadora de Cuba ante la UNESCO entre 1994 y 2001.

ca de la vida, de los conflictos naturales de la convivencia social, de ese entramado complejo que es pretender una sociedad más justa, siendo un país pobre, bloqueado, frente a un mundo que después de finalizada la Guerra Fría involuciona, salvo en algunas zonas como América Latina, donde ha vuelto a levantarse la bandera de la esperanza, entre otras razones por la ejemplar resistencia de la Revolución Cubana.

Pero esta paradigmática revolución, a la que le debo lo mejor de mí misma, está amenazada y puede ser reversible, como ya alertó Fidel en su discurso de la Universidad de La Habana en el 2005, no sólo por la agresividad cierta del enemigo sino por los problemas internos que, aunque él mismo los habló con el mejor espíritu revolucionario, no se debatieron en aquel momento, siguen gravitando en la vida nacional mientras el estudio de sus causas se prolonga y los métodos emergentes que se emplean para solucionarlos no demuestran una comprensión cabal de en qué fase está la sociedad, ni del cambio de mentalidad imprescindible para que el proyecto se mantenga a largo plazo.

La lectura de un artículo firmado por Katerinjuk en *Rebelión*[64] sobre la situación en las antiguas repúblicas socialistas del este y la propia Rusia me ha desatado los demonios de la angustia y la responsabilidad moral. Primero, porque visité algunos de esos países y desde los años setenta ya los niveles de inconformidad con el sistema eran tales que era previsible lo que sucedió después o al menos que, así, como era en aquellos lugares no podía ser el socialismo. Pero se guardaba silencio sin tener en cuenta que silenciar los problemas reales es la mejor forma de hacerlos mayores. Segundo, porque a pesar de las peculiaridades cubanas, encuentro, percibo, en nuestra sociedad disgustos similares y no únicamente por las carencias materiales que podrían ser comprendidas en el contexto internacional, sino por apelar a fórmulas simples

64. Katerinjuk: "Sobre la transición al capitalismo en los países del Este", *Rebelión*, 14-03-2007.

para enfrentar mecanismos complejos de la sociedad y los individuos.

En Cuba la mayoría de la población quiere salvar la Revolución a toda costa. La mayoría inteligente sabe que no puede esperar nada mejor del capitalismo y mucho menos de los Estados Unidos o de los atorrantes de Miami. Agradecen y respetan el liderazgo de Fidel y toleran no pocas decisiones desacertadas por gratitud y sabiduría, pero como reza un dicho popular, hay que vivir y si para hacerlo no te alcanza el salario tienes que inventar lo que sea y de ese aspecto salen muchos de los males de la sociedad, pero también de que el estado benefactor insiste en resolverlo todo de una manera centralizada y no permite, ni propicia, mecanismos alternativos para, según la iniciativa personal y la creatividad de cada cual la gente se gane su vida. Parece una derrota ante el capitalismo recurrir a esos métodos, olvidando que hay fenómenos de la economía que no son ideológicos, sólo que el capitalismo se ha apropiado de ellos, que ha sabido usarlos para su expansión perpetua y para transformar a gran velocidad sus fuerzas productivas.

Elementalmente, nadie puede negar que hay que producir, hacerlo con eficiencia y tener ganancias que sólo en el socialismo pueden tener una distribución social más justa para intentar igualar a las personas en el bienestar y no en la pobreza. Pero, incluso en los países socialistas que lograron cierto nivel de vida había una ansiedad por posibilidades que inexplicablemente no ofrece el socialismo y están más relacionadas con el campo espiritual y con lo individual que se sacrifica en nombre de la masa sin tener en cuenta que esa masa está formada por individuos.

En el plano social, las personas necesitan sentir que participan realmente en las decisiones que se toman, en cómo conducir la sociedad, que son escuchadas y tenidas en cuenta; en el plano individual, las personas necesitan sentir que son dueñas de sus vidas y éstas no son propiedad del Estado aun cuando apoyen a ese estado. Los que dirigen, elegidos por esas personas, aunque tengan las mejores intenciones, no pueden olvidar que su razón de ser es lo que sienten, piensan y necesitan sus electores. Pero como el socialismo se ha dado en una lucha enconada con un sistema enemigo que quiere desaparecerlo, esos principios primarios de la existencia humana quedan en un segundo plano y la participación de las personas se reduce a cumplir, apoyar lo que se decide arriba y eso, además, les quita verdadero sentido de responsabilidad con lo que ocurre en la sociedad.

Muchos de los ciudadanos de las ex repúblicas socialistas que encontré en París en mis tiempos de Embajadora ante la UNESCO, reconocían los problemas duros de sus sociedades pero alegaban que estaban en París, había sido su decisión personal, aunque trabajaran de meseras o de albañiles en la construcción, otros que estaban sólo de visita decían que ni soñar con ir a París en el socialismo. Hay miles de terrícolas en el capitalismo que no pueden ni soñar con ir a París, pero no les está prohibido y ése es un matiz que los políticos que quieren inclinar el mundo hacia el socialismo tienen que tener en cuenta. Y en realidad esas medidas tienen más que ver con un tipo de mentalidad simplificadora que con problemas que afecten a la sociedad socialista, que tiene que ser de libre elección y no obligatoria, porque cuando se trata de obligatoriedad a la larga sucede lo ocurrido en todo el Este europeo.

Por supuesto que Cuba tiene un enemigo tan poderoso como para tener una ley que acoge a todos los cubanos que lleguen a territorio de Estados Unidos y brindarles todas las facilidades para establecerse, lo cual no hace con el resto de los emigrantes, pero la manera de sortear ese ataque no puede ser que los cubanos, como si fueran párvulos, tengan que pedir un permiso de salida de su país, amigos o familiares tengan que comprar una carta de invitación para que puedan viajar al extranjero, tengan que pagar un impuesto todos los meses para poder permanecer hasta once y obligatoriamente regresar o son declarados emigrantes y nunca más, salvo casos humanitarios, pueden volver a vivir en su país. Eso estaba justificado con los burgueses que se fueron, con los contrarrevolucionarios que atentaron abiertamente contra la Revolución, pero no con las nuevas generaciones de cubanos, nacidos y criados en el proceso revolucionario, que reconocen –y el Estado también– que se trata de emigrantes por causas económicas y no políticas, que quieren buscar algún dinero y venir a gastarlo con su familia en Cuba, o emplearlo en mejorar su casa. Pero incluso cinco años después del retiro hay que pedir permiso al antiguo centro de trabajo para tramitar cualquier viaje personal.

De ningún país del mundo se puede salir al exterior si se tiene deudas, causas pendientes con la justicia o cuando se manejan informaciones que afecten a la seguridad nacional, pero convertir un viaje en una verdadera mortificación, en un suceso humillante que niega el derecho a pagar un pasaje, ir y volver, me parece un problema evitable cuando en el país circulan divisas, buena parte de los cubanos tienen familiares o amigos en el extranjero que pueden proporcionárselas, algunos incluso las ganan dentro del país, o pueden convertir el peso cubano en divisa de manera legal. Se evitaría una molestia a los ciudadanos si los trámites fueran los comunes en cualquier lugar y quienes negaran las visas fueran los otros países, aunque para ello haya que tener un dispositivo especial para evitar infiltraciones del enemigo, que estaría mucho más justificado que ese aparato burocrático que se presta a sobornos y que incomoda a cualquiera con la sospecha de las razones de viaje y el temor a que la gente se quede.

En caso de que alguien se quede, entonces comienza el *vía crucis* para los que se quedaron, porque éstos tienen que volver a pagar la casa, o la parte de la casa que su padre o su madre compraron al estado socialista en precios muy bajos, pero fueron los precios establecidos, y sufren una multa, un impuesto, como si fueran responsables de la decisión del que se quedó. Es kafkiano, como lo es también que si los padres mueren, los hijos tienen que volver a pagar la casa para permanecer en ella y que la casa o el auto no se pueden vender aunque se pudran de falta de mantenimiento porque las personas no tienen recursos para mantenerlos y necesitan vender para poder continuar su vida más reducidos o menos cómodos.

Entonces surge el problema de la propiedad, y no hablo de la explotadora privada, sino de la personal, adquirida con el trabajo. Nada es verdaderamente tuyo, tú no puedes decidir por ti mismo si viajas, si cambias de casa, si vendes el auto, y todo eso es para evitar que los sectores enriquecidos ilegalmente se apropien de lo mejor del patrimonio o puedan adquirir cosas que, en tiempos mejores, el Estado facilitó por méritos laborales, pero a quienes se está lacerando es a esos ciudadanos que, dadas las circunstancias, intentan buscar solución a los problemas económicos que el Estado no puede resolver, aunque se esfuerce y tenga la voluntad de hacerlo. Es otra camisa de fuerza y, una vez más, se acude a la simplificación. Porque el Estado, como en cualquier parte del mundo, puede beneficiarse si cobra impuestos por cualquier transacción de ésas, incluso se los puede poner al comprador para defender al de menos posibilidades, porque lamentablemente los de mayores posibilidades económicas no son los científicos que hacen vacunas, ni los campeones olímpicos, ni los héroes del trabajo, sino los que a pesar de todos los decretos y regulaciones se han enriquecido ilícitamente o tienen entradas del exterior muy grandes.

Si los burócratas que deciden esas medidas, que carecen de base socialista porque vulneran derechos elementales reconocidos desde el famoso manifiesto comunista, plantearan soluciones de fondo a los muy complejos problemas de la sociedad cubana, diseñarían fórmulas más apegadas a la situación actual, que no es la de los años ochenta, por tanto realistas y, como realistas, revolucionarias. Y digo burócratas porque si Fidel y Raúl conocieran esas medidas y cómo se aplican, estoy convencida de que no podrían dar su apoyo. Y por eso la gente que cree lo mismo, dice «deja que ellos se enteren», pero el socialismo no puede depender de dos, tres, cuatro o diez personas que tengan la lucidez de entender que muchas medidas de ésas son interpretadas como modos de molestar y fastidiar todavía más el difícil cotidiano.

Y no lo digo por cobardía para eximir a Fidel y Raúl de responsabilidades, sino porque como ciudadana de este país he escuchado a Fidel decir que el socialismo es una agrupación de voluntarios cuando el éxodo de Mariel y a Raúl que los frijoles son tan importantes como los cañones en plena crisis de los noventa, para citar sólo dos ejemplos de realismo político. Por eso no puedo imaginar que comulguen con esa lista de medidas vejatorias que incluyen las regulaciones en las relaciones con los extranjeros.

Nunca he leído en el periódico *Granma* que no se puede llevar en el auto a extranjeros, ni se pueden hospedar en la casa a los amigos que nacieron en otros lares. Pero si llevas a extranjeros en tu carro puedes tener una multa de 1.500 pesos y si se quedan en tu casa, por el estilo, salvo que pidas una autorización que no siempre es concedida. Es una forma de evitar el tráfico de drogas, la prostitución, de hacer que la divisa llegue directa a manos del Estado que la emplea en garantizar la salud y la educación, una cuota mínima de alimentos subvencionada y miles de ventajas más, nadie lo duda, pero ni todos los ciudadanos son iguales ni todos hacen negocios turbios, y es muy lamentable que quien te brinda hospitalidad en su país no pueda ser reciprocado. Ninguna de esas medidas es gratuita, todas intentan controlar situaciones que se han creado a causa de las circunstancias, pero no pueden ser facilistas, igualatorias, sin tener en cuenta que no se puede tratar a las personas decentes como a los delincuentes.

La lucha contra la prostitución está llevando a frustrar las relaciones verdaderas entre nacionales y extranjeros. Como en cualquier parte del mundo, aquí se enamoran las gentes de cualquier parte y se hacen amigos también. Pero ninguna mujer, ni hombre, puede hospedarse en un hotel con su pareja si no es del país, aunque sean mayores de edad y absolutos responsables de sus actuaciones. Se alega que es para evitar la desigualdad de los que pueden y los que no pueden. Pero las desigualdades siempre han existido y ahora se han hecho más evidentes, y lo peor es que al final acceden a esos presuntos privilegios gentes que logran sobornar, o simplemente se van a casas particulares que ni siquiera pagan impuestos. Porque no se puede pretender controlar la existencia de las personas minuto a minuto y la mayoría de esas medidas contribuyen más a delinquir que a lograr los propósitos con las que se imponen. Esas presiones, que tienen un fondo de torpeza, que ya probaron su ineficacia en todo el antiguo campo socialista, ocasionan grandes disgustos en la población, aunque por gratitud o temor no se cuestionen a escala masiva, y van creando un caldo de cultivo nada favorable.

Igual sucede con el empecinamiento en mantener la propiedad estatal como única variante en aspectos que otras alternativas han mostrado mejores resultados, tales como la gastronomía y la agricultura, y no se trata de incentivar la propiedad privada, sino la colectiva posible en estos tiempos, ensayada tímidamente y que a la larga es la verdadera fórmula socialista, como ya han señalado otros. Incluso, hay un aspecto de la propiedad cooperativa que puede ser salvadora ante cualquier jugarreta futura de los enemigos y que podría evitar que, ante cualquier circunstancia adversa, funcionarios inescrupulosos de hoy se apropien de los bienes que legítimamente pertenecen al pueblo, como ocurrió cuando la caída del socialismo en Europa del Este. Y está descrita en *El Estado y la Revolución* de Lenin, refiriéndose a la democracia socialista que nunca llegó.

Si legalmente cada pedazo de tierra del país pertenece a un consejo cooperativo, cada fábrica, cada instalación deportiva, cada teatro, nadie podrá venir un día a apropiarse de ellos porque sus dueños colectivos tendrán los medios para defenderla, y eso es propiedad socialista al duro, que se puede tocar con las manos frente a una propiedad estatal que nunca los ciudadanos han sentido suya verdaderamente, entre otras cosas porque las ancestrales costumbres no se cambian por decreto, ni las tendencias naturales de la especie a que pertenecemos.

Después de las amargas experiencias del socialismo en Europa del Este, los comunistas deberíamos entender aquella máxima de Ghandi: si quieres cambiar el mundo, cámbiate a ti mismo, para no pedirle a nadie que haga lo que no seamos capaces de hacer y también que sí, es cierto, como han dicho algunos ideólogos enemigos: la lógica del capitalismo está más cerca del atavismo biológico de los seres humanos. Cuesta menos esfuerzos mentales sumarse a la ley del más fuerte, como hace la manada de monos, y el capitalismo ha sabido convertir las miserias humanas en categorías para el funcionamiento económico. Ser socialista, pensar como socialista, sentir como socialista, requiere de un esfuerzo espiritual e intelectual mayor porque implica pensar también en los otros y dominar al animal que somos. Para conseguir dejar atrás la prehistoria, si queremos que haya socialismo del siglo XXI, tendremos que evitar los mismos errores que ya demostraron en el siglo XX su fracaso.

La paradigmática Cuba tiene que despojarse de todas las fórmulas y métodos tomados a préstamo de quienes se suponían de mayor experiencia y desaparecieron por su aferramiento. También tiene que impedir que su agenda interna la ponga Estados Unidos con sus provocaciones y mucho menos los desnaturalizados de Miami. Y en eso Fidel y Raúl sí tienen gran responsabilidad como garantes de los cambios socialistas que deben producirse antes de que desaparezcan como líderes vivos. A pesar de la corrupción y otros males, existen millones de revolucionarios cubanos dispuestos a participar en las transformaciones necesarias, sabedores de que no hay nada que dañe más a las mejores ideas que el estancamiento, y esas medidas y métodos a los que me he referido muy discretamente, que sofocan y agobian a las personas y que no pueden generar el espíritu indispensable para que el empeño socialista se sienta como tal.

Cuba: Revolución permanente y contradicciones contemporáneas[65]

Por James Petras y Robin Eastman-Abaya

Introducción

La Revolución Cubana y su economía socialista han demostrado una tremenda resistencia ante enormes obstáculos y retos políticos. Cuba ha desafiado con éxito una invasión orquestada por Estados Unidos, un bloqueo marítimo, cientos de ataques terroristas y medio siglo de bloqueo.[66] Cuba pudo sortear el bajón de la caída de la URSS y los regímenes colectivistas de la Europa del Este, el tránsito de China e Indochina al capitalismo y, al mismo tiempo, logró formular un nuevo modelo de desarrollo.

Tal como han señalado numerosos eruditos y dirigentes políticos –adversarios incluidos–, Cuba ha desarrollado un sistema muy avanzado de bienestar social que funciona: cuidados sanitarios y educación universales y gratuitos desde la guardería infantil hasta la universidad.[67]

En política exterior y nacional, Cuba ha establecido con éxito relaciones económicas y diplomáticas en todo el globo, y ello a pesar de los bloqueos y las presiones de Estados Unidos.[68]

En cuestiones de seguridad nacional y personal, Cuba es un líder mundial. Las tasas de criminalidad son bajas y la violencia infrecuente. Las amenazas y los actos terroristas (la mayoría en proveniencia de Estados Unidos y de sus socios del exilio cubano), han disminuido y son menos peligrosos para la población cubana que en Estados Unidos o Europa.

---

65. Artículo publicado en *Rebelión*, 24-08-2007. Manuel Talens y Germán Leyens (trad.), Juan Vivanco (rev.).

66. Morris Morley: *Imperial State and Revolution: The United States and Cuba* (1952-1986), Cambridge University Press, NY, 1987.

67. Ernst and Young: A *Business Guide to Cuba*, February 2006, Bridgetown, Barbados. Part 1. Vea también Fidel Vascos González: *Economía Cubana: Se Acelera su Ritmo de Crecimiento*, Cubarte, 2007.

68. Ib parte 3, p. 36.

Son precisamente los éxitos de la Revolución Cubana, su habilidad para sobrellevar las amenazas externas –que habrían derrotado a la mayoría de los gobiernos– los que han creado ahora una serie de importantes desafíos, que requieren atención urgente para que la revolución, tal como la conocemos, pueda adentrarse en el siglo XXI. Estos desafíos se deben tanto a las restricciones externas anteriores como a los acontecimientos políticos internos. Algunos problemas eran consecuencias inevitables de las medidas de emergencia, pero ahora exigen soluciones inmediatas y radicales.

VIRTUDES REVOLUCIONARIAS

La gran virtud de la Revolución Cubana es haber sobrevivido manteniendo muchos de sus logros sociales positivos, cuando muchos regímenes reformistas o revolucionarios, anteriores y posteriores, cayeron en las urnas, fueron derrocados o se desplomaron por sí mismos. Estados Unidos y sus aliados derrocaron los regímenes reformistas de Arbenz en Guatemala (1954), de Mossadegh en Irán (1953), de Allende en Chile (1973), de Lumumba en el Congo y otros muchos. La Casa Blanca hizo caer el gobierno sandinista de Nicaragua en 1989, el régimen de Aristide en 1992 y 2004 y otros muchos. Por el contrario, Cuba derrotó una invasión patrocinada por Estados Unidos en 1961, resistió un bloqueo marítimo estadounidense en 1962, desactivó centenares de intentos de asesinato y ataques terroristas organizados por la CIA durante medio siglo e incluso pasó a través de un bloqueo económico mundial.[69]

Gracias a una astuta diplomacia, Cuba se aseguró un favorable y oportuno comercio y contratos de ayuda con la antigua URSS y la Europa del Este. A finales del pasado siglo XX, Cuba tenía relaciones diplomáticas y económicas con casi el mundo entero, y ello a pesar del bloqueo de Estados Unidos. En 2001 Cuba rompió incluso el em-

69. Morley, obra citada.

bargo comercial al importar alimentos y medicinas de exportadores y agricultores estadounidenses, si bien en condiciones unilaterales desfavorables.

El repentino colapso de la URSS y la conversión de Rusia y la Europa del Este en colonias capitalistas occidentales fueron un golpe devastador para la economía cubana. La pérdida de socios comerciales dio lugar a un declive repentino de la producción. La transición al capitalismo en China e Indochina le brindó pocas alternativas. El gobierno cubano adoptó una estrategia económica de emergencia inaugurando un "período especial" de austeridad forzosa y ajuste estructural que difuminó el dolor del reajuste económico en toda la sociedad cubana, a diferencia de lo ocurrido en los países capitalistas. Entre 1990 y 2000 Cuba reconstruyó su economía para cubrir las nuevas exigencias de la economía mundial, y al mismo tiempo conservó su red de protección social, lo cual fue una hazaña sin precedentes.

La recuperación de Cuba se basó en diversos ejes de nuevo cuño: el desarrollo rápido y exhaustivo del sector turístico, mediante grandes inversiones a largo plazo en asociación con multinacionales europeas y latinoamericanas; enormes inversiones en biotecnología para estimular la investigación y desarrollo de exportaciones farmacéuticas; acuerdos comerciales y contratos de inversión a largo plazo con Venezuela, mediante los cuales Cuba intercambia en condiciones favorables equipos médicos y servicios por productos del petróleo; asociación de empresas en participación para desarrollar la exportación de níquel, ron, tabaco y productos cítricos; y contratos de importación de alimentos con agroempresas de Estados Unidos y Canadá.[70] Los cubanos cerraron la mayor parte de sus fábricas azucareras y redujeron la producción de azúcar, reconvirtiendo bruscamente los campos de caña para la producción de cosechas alternativas a escala limitada.

70. Ernst and Young, obra citada.

Continuaron las inversiones importantes en nuevas escuelas avanzadas de informática (200 millones de dólares),[71] en el turismo médico y en los proyectos humanitarios externos. Esta estrategia económica, combinada con condiciones externas favorables (precios mundiales elevados de productos primarios, la radicalización del presidente venezolano Hugo Chávez, los cambios en los regímenes liberales de América Latina desde la extrema derecha al centro derecha neoliberal) y el sacrificio voluntario de la mayoría del pueblo cubano, condujo a una recuperación económica gradual, pero firme, a partir de 1994, seguida de un crecimiento acelerado desde 2003.[72]

Tanto en la profunda depresión económica como tras la recuperación, el gobierno cubano mantuvo la estructura básica social y las provisiones de asistencia. Todos los programas sanitarios y educativos de importancia continuaron siendo gratuitos y abiertos al público. Los trabajadores desplazados por la reestructuración económica siguieron recibiendo sus salarios y se les ofrecieron trabajos estatales subvencionados y programas de formación en otras disciplinas. Los alquileres y los costos de las empresas de servicios públicos siguieron siendo bajos. Se siguieron pagando las pensiones. Continuaron los subsidios de la alimentación y el racionamiento de artículos básicos. Las actividades culturales, deportivas y recreativas avanzaron a pesar de los bruscos recortes en su subvención. A pesar de las carencias generales y las privaciones sociales, las tasas de criminalidad permanecieron muy por debajo de los porcentajes latinoamericanos y de Estados Unidos.

Las instituciones nacionales de seguridad protegieron con éxito al público cubano de los ataques terroristas apoyados por Estados Unidos y de los esfuerzos internos de

71. Entrevistas con el director de la Universidad de las Ciencias Informáticas (UCI), 11 de febrero de 2006. Véase también Ernst and Young, obra citada, parte 6.

72. Ernst and Young obra citada, partes 1 y 2. Comisión Económica para América Latina de Naciones Unidas (CEPAL), informe para 2006, subrayó el crecimiento ininterrumpido de Cuba desde 2003.

desestabilización patrocinados por las organizaciones "disidentes" financiadas por la Casa Blanca.[73] A pesar de su mayor vulnerabilidad económica, Cuba rechazó las presiones de Estados Unidos y la Unión Europea para dictarle su seguridad nacional y sus políticas económicas.[74] La Habana rechazó el intento de Washington de convertir a Cuba en un satélite del libre mercado similar a los ejemplos de la Europa del Este, el Cáucaso y Rusia, y siguió su propio modelo político y económico independiente.

A diferencia de los antiguos países comunistas de la URSS, Europa del Este y Asia, la transición hacia la nueva economía de Cuba no dio lugar a las monstruosas desigualdades en las que un diminuto grupo de multimillonarios y archimillonarios se apoderaron del control de los bienes y recursos públicos, mientras que el resto de la población permaneció pobre y desempleada, con alquileres prohibitivos, la sanidad y la educación desnacionalizadas e inaccesibles y pensiones miserables.[75] Igualmente, Cuba conservó la mayoría de las acciones y el control de las empresas en participación con capital extranjero,[76] en contraste con las adquisiciones estadounidenses y europeas de casi todos (si no todos) los sectores de fabricación, financieros, mediáticos y comerciales de Europa del Este.

Incluso más digno de atención es que, a diferencia de Europa del Este y la antigua URSS, Cuba no sufrió la transferencia masiva al exterior de beneficios, alquileres e ingresos ilegales de redes de prostitución, narcotráfico y venta de armas. Tampoco la transición de Cuba a una economía mixta se vio acompañada de sindicatos del cri-

73. James Petras: "La responsabilidad de los intelectuales: Cuba, los Estados Unidos y los derechos humanos, 5 de mayo de 2003, *http://www.rebelion.org/noticia.php?id=55007*.

74. Entrevista con Felipe Pérez Roque, ministro de Relaciones Exteriores de la República de Cuba, 4 de febrero de 2004.

75. Paul Klebnikov: *Godfather of the Kremlin: The Decline of Russia in the Age of Gangster Capitalism*, Harcourt NY, 2000; James Petras: "Global Ruling Class: Billionaires and How They Made it", *Journal of Contemporary Asia*, Jan. 2008; David Hoffman, *The Oligarchs*, Public Affairs NY, 2003.

76. Ernst and Young, obra citada, Parte IV, Foreign Direct Investment, y Parte VI, Sectors for Foreign Investment.

men organizado, que tuvieron un papel tan importante en los resultados electorales de Bulgaria, Polonia, Rumania, Albania y el resto de las nuevas democracias capitalistas.[77]

El enorme éxito de Cuba para pasar por encima de obstáculos históricos que se oponían a su supervivencia, su sorprendente recuperación económica y su formidable fuerza de defensa nacional son, en gran medida, atribuibles a la combinación de perseverancia popular, lealtad a sus líderes revolucionarios y adopción de valores comunes de igualitarismo, solidaridad, dignidad nacional e independencia. Sin embargo, el propio éxito del gobierno cubano al enfrentarse y superar los obstáculos resultantes del bloqueo de Estados Unidos y del colapso de la URSS ha creado un nuevo tipo de desafíos y contradicciones.

Contradicciones y desafíos tras el "período especial"

La promoción del turismo como eje de la recuperación económica fue el uso más rápido, fácil y racional del clima natural de Cuba para compensar la depresión económica, la falta de capital y el aislamiento político. Además, fue el sector que más interesó a los futuros socios inversionistas extranjeros. El turismo generó divisas fuertes para importar productos primarios esenciales, especialmente petróleo y productos manufacturados, material sanitario y alimentos.

Sin embargo, al cabo del tiempo el turismo dio lugar a distorsiones muy importantes en la economía: los salarios de los empleos de poca o ninguna calificación relacionados con el turismo excedieron con mucho a los de científicos de elevada formación, médicos, trabajadores calificados y trabajadores agrícolas entre otros. Además, las "empresas mixtas" en el sector del turismo llevaron a la creación de una nueva burguesía burocrática rica y al

77. Klebnikov, obra citada; Hoffman, obra citada.

auge de las desigualdades.[78] Igual de perjudicial, la entrada masiva de turistas resultó en el crecimiento de un lumpenproletariado, prostitutas, narcotraficantes y otras formas de pícaros no productivos cuyos ingresos ilícitos excedían a los de trabajadores, empleados y profesionales. Este grupo desarrolló redes con hoteles, restaurantes y gerentes de clubes nocturnos, que apoyaron la corrupción y pusieron a prueba los valores revolucionarios. Las carencias continuas, el bajo poder adquisitivo y la falta de bienes de consumo deseables restaron fuerza a las campañas del gobierno para "moralizar" la actividad turística sin alejar a los turistas.

Las inversiones a gran escala y a largo plazo en infraestructuras turísticas –hoteles, restaurantes, muebles importados y alimentos– desviaron reservas de la agricultura: la producción agropecuaria, en especial la de productos alimenticios, declinó significativamente y sobre todo su disponibilidad para la población local, lo cual facilitó los mercados negro, gris y "libre". Cuba se convirtió en un país dependiente de alimentos del exterior.[79] Mientras que el turismo atraía divisas fuertes, se gastaban cientos de millones en importar alimentos de Estados Unidos, Canadá, Argentina, la República Dominicana y otras partes. La dependencia alimentaria de Estados Unidos incrementó la vulnerabilidad de Cuba ante cualquier endurecimiento del embargo a la exportación. Podría decirse que la seguridad nacional cubana quedó debilitada por el hecho de que Cuba pagase con moneda fuerte por adelantado una proporción creciente de importaciones de alimentos de ese país, tal como requiere el Departamento del Tesoro de Estados Unidos.

Algunos comentaristas políticos de dentro y fuera de Cuba han señalado que los agricultores, el negocio de la

78. Fidel Castro, Discurso en la Universidad de La Habana, 17 de noviembre de 2005, *Granma*, 18 de noviembre de 2005. Fidel subrayó que la Revolución enfrenta su principal peligro de la Nueva Clase de su interior.

79. Discurso de Raúl Castro en Camagüey, 26 de julio 2007, "año 49 de la Revolución". Raúl Castro subrayó la necesidad de más producción agrícola interior, especialmente de alimentos para el consumo local, señalando "deficiencias estructurales".

agroalimentación y los políticos estadounidenses (de más de treinta estados) implicados en el comercio con Cuba son un potente grupo de presión capaz de presionar para el fin del bloqueo de la Casa Blanca. Los precedentes apuntan a lo contrario. La década pasada, bajo los presidentes Clinton y Bush, no mostró progreso alguno en el fin de la presión estadounidense sobre Cuba. Al contrario, conforme aumentaban las importaciones cubanas procedentes de Estados Unidos, el Congreso de ese país imponía leyes restrictivas sobre los viajes y los envíos de dinero, añadiendo a la lista negra empresas de terceros países y financiando campañas de desestabilización y propaganda a través de la Casa Blanca.

El turismo, que sirvió como estrategia inmediata y necesaria en el Período Especial, por desgracia se ha convertido en un sector de crecimiento intrínseco y estratégico para la economía. Cuba sigue fiel a su tradicional ciclo de dependencia del "monocultivo" tras haber sustituido la exportación de azúcar a Estados Unidos y luego a la URSS y a la Europa del Este por el turismo para canadienses y europeos. El problema con la nueva dependencia (como con la anterior) es que ofrecen soluciones a "corto plazo", mientras que a largo plazo empeoran los problemas estructurales, entre ellos una mala distribución de los recursos humanos (hay arquitectos que trabajan como botones de hotel) y la ausencia de una economía diversificada capaz de enfrentarse a los inevitables ciclos económicos endémicos del mercado capitalista mundial.

La cada vez mayor dependencia de alimentos de Cuba se está agudizando, como bien lo refleja el aumento de la importación de arroz, frijoles, carne de ave, cerdo, carne de res y otros elementos esenciales (incluso, a veces, el azúcar) en la dieta cubana. En su discurso del 26 de julio de 2007, Raúl Castro destacó el enorme aumento de los precios de los alimentos importados y puso como ejemplos el aumento hasta el triple del coste de la leche en polvo en los tres años anteriores, el incremento del 10% en el precio del arroz molido entre 2006 y 2007 y la duplicación del precio del pollo.

La producción agrícola de Cuba está dirigida en gran medida hacia los mercados turístico y de exportación: el tabaco, los cítricos, la fruta tropical, el azúcar (apenas); gran parte de la fruta de calidad, la carne, los productos y la carne de ave se venden en los mercados privados de agricultores, o en las tiendas especiales que comercian en dólares o moneda convertible. Esto hace que haya escasez de productos en las tiendas estatales subsidiadas de los barrios. El desarrollo de "huertos urbanos" ha sido una solución para ciertos vecindarios –pues provee productos orgánicos frescos de calidad– pero no cubren las necesidades de gran parte de la población.

La disminución de la producción de alimentos, especialmente el arroz (Cuba importa más del 75% de su arroz) es notable. Un importante economista cubano nos dijo que se debía a una falta de trabajadores agrícolas deseosos de cultivar arroz –una labor que requiere un esfuerzo intensivo–, al menos mientras se les pague el salario actual, muy inferior al de los empleos en sectores no agrícolas. Cuba, con una baja tasa de natalidad y una población muy educada, carece de trabajadores agrícolas. Sin embargo, por razones poco claras, Cuba rechaza la idea de alentar la inmigración desde países con excedente de trabajadores agrícolas experimentados, como Haití, para reforzar su declinante fuerza laboral en las granjas e incrementar las cosechas de productos nacionales básicos de los que depende su seguridad alimentaria. La dependencia agrícola cubana del capital extranjero, en especial de inversionistas israelíes en el sector cítrico, es también incomprensible –dada la abundancia de agrónomos, operadores agrícolas de extensión y oportunidades de aprender mercadotecnia–.[80] El mercado mundial de los cí-

80. Gideon Alon: "Just a Farmer in Cuba", *Haaretz* 3/7/07. El informe en la prensa israelí se refiere a Rafi Eitan, antiguo jefe de las operaciones europeas del Mossad, policía secreta de Israel: «Eitan es socio de una compañía que posee vastos huertos en Cuba... La compañía se ocupa de agricultura en Cuba... produciendo concentrado de jugos cítricos en la mayor planta del mundo». Capitalistas israelíes están invirtiendo decenas de millones de dólares en un complejo de oficinas en La Habana, que constará de 18 edificios de oficinas de seis pisos en 186.000 m^2. El proyecto es una sociedad conjunta entre la agencia estatal cubana, Cubalse y el Grupo BM, una corporación israelí dirigida por Rafi Eitan.

tricos ha sido especialmente lucrativo para el capital brasileño, por lo menos desde los años sesenta, mientras que Cuba ha entrado en él con retraso y en parte a través del capital extranjero, lo cual hace que los beneficios salgan de la Isla.

Mientras Cuba canalizaba de forma eficaz grandes inversiones de capital hacia el turismo, la biotecnología y otros sectores productivos, ha descuidado su sector de la vivienda, lo cual ha creado una lista de espera de 10 años para más de un millón de familias. El déficit de viviendas es una de las fuentes más importantes del descontento entre el pueblo cubano, incluso entre sus funcionarios de nivel medio del partido y del gobierno, que se ven obligados a vivir con sus parientes. Además, la vivienda actual está en muy mal estado, sobre todo en Centro Habana, donde con un poco de cemento y una mano de pintura barata se podrían revitalizar los vecindarios obreros, ahora gravemente deteriorados.

Aunque el gobierno ha anunciado un programa para construir cien mil casas y apartamentos por año, dicho programa adolece de mala gestión (demoras burocráticas), robo de materiales de construcción por funcionarios, baja productividad y un suministro inadecuado de materiales.[81] En gran medida, la vivienda no ha gozado de la prioridad que recibió el sector hotelero para turistas durante los pasados años. El énfasis que se puso en la "recuperación económica" durante el Período Especial ha dado lugar a una falta de énfasis en las necesidades básicas de los consumidores en el sector de vivienda.

La "producción" a corto plazo por encima de las estrategias para los consumidores está dando lugar a problemas a medio y largo plazo. Los demógrafos cubanos han indicado la disminución en la población total de Cuba junto con un envejecimiento de la existente, lo cual dis-

81. Véase *Juventud Rebelde*, 18-06-2007, en Gerardo Arreola, "Trabas burócratas ahondan crisis de vivienda en Cuba". Citado en *La Jornada*, 18-06-2007. Según la publicación sindical *Trabajadores*, de 8.934 unidades habitaciones aprobadas para 2005, sólo 1.445 fueron construidas hasta mayo de 2007.

minuye la cantidad de personas disponibles para el trabajo productivo.[82] Según los analistas de población cubanos, los factores socioeconómicos claves que explican la crisis demográfica son la falta de viviendas y el alto costo de la vida (Oficina Nacional de Estadísticas [ONE]). El desarrollo económico, la estabilidad social y la legitimidad política de Cuba exigen que se dé máxima prioridad a la construcción de casas, a la reparación y a la rehabilitación.[83]

La baja productividad económica de Cuba, sus "ineficiencias burocráticas", así como la apatía diaria en el lugar de trabajo son en parte resultado del muy inadecuado sistema de transporte público –de personas y de artículos–, por lo menos en lo relativo al mercado nacional. Largas colas en las paradas de las guaguas, falta de puntualidad, guaguas abarrotadas, camiones "convertidos" en transporte público (los arriñonados "camellos") y combustibles muy contaminantes han dado lugar a un malestar crónico. La tardanza en el trabajo, debida al inadecuado transporte público, ha contribuido a la baja productividad y, a veces, es una excusa "legítima" para el absentismo. La falta del transporte público puntual mina la moral en el trabajo y en la escuela: si las autoridades públicas son incapaces de disciplina administrativa en algo tan básico como el transporte, ¿cómo pueden hablar a sus empleados de la necesidad de una mayor disciplina en el trabajo? La falta de disciplina de la dirigencia es un mal ejemplo para todos los trabajadores.

La reciente compra de mil autobuses a China ha proporcionado algún alivio, pero la excesiva dependencia del auto-stop que tienen los trabajadores atestigua la persistente insuficiencia. Igualmente, las "pérdidas" que se producen durante el transporte de artículos desde los productores a los consumidores han generado una escasez crónica de productos alimenticios, materiales de cons-

82. "La Población cubana decrece y envejece", *Xinhua* 11/07/2007; Gerardo Arreola "Decrece la población cubana", *La Jornada*, 9-03-2007.

83. Ib.

trucción y petróleo.[84] La corrupción, el robo generalizado, la falta de coordinación y la supervisión inadecuada son en gran parte culpables, así como la ausencia de mecanismos de control político de los consumidores y los trabajadores concienciados. En sectores donde el Estado ha fijado prioridades altas, como el turismo, el níquel y los fármacos, el sistema de transporte funciona de una manera razonablemente eficaz.

El problema del transporte no se debe sólo a una falta de voluntad política. Cuando, en noviembre de 2005, Fidel Castro anunció que más del 50% de la gasolina se robaba y se vendía en el mercado negro, quedó claro que la autoridad gubernamental y la vigilancia administrativa no funcionan.[85] Los ministros a cargo de la energía, el transporte y el comercio ni siquiera fueron reprendidos públicamente.

Cuba requiere al menos diez mil nuevos vehículos de transporte, y eso sólo para empezar. Necesita personal de mantenimiento y personal entrenado, así como comités de vigilancia de consumidores y trabajadores, que aseguren que el nuevo transporte, una vez adquirido, funcione.

La educación sociopolítica, las exhortaciones morales y las citas de dirigentes históricos ejemplares son necesarias para motivar a los trabajadores, pero obviamente inadecuadas en ausencia de salarios y jornales decentes.

En su discurso del 26 de julio de 2007 en Camagüey, Raúl Castro señaló que «Somos conscientes igualmente de que en medio de las extremas dificultades objetivas que enfrentamos, el salario aún es claramente insuficiente para satisfacer todas las necesidades, por lo que prácticamente dejó de cumplir su papel de asegurar el principio

84. Raúl Castro, 26 de julio de 2007. Discurso en Camagüey. Raúl Castro cita el ejemplo del desperdicio de petróleo en el transporte de leche de las lecherías a las plantas de procesamiento de vuelta a consumidores que viven cerca de las mismas lecherías.

85. Discurso de Fidel Castro en noviembre de 2005, Universidad de La Habana (*Granma*, 19 de noviembre de 2005) e informe subsiguiente en Gerardo Arreola: "El Presidente cubano recibe 2006 en un gasolinera de la Habana". *La Jornada*, 2-01-2006.

socialista de que cada cual aporte según su capacidad y reciba según su trabajo. Ello favoreció manifestaciones de indisciplina social y tolerancia que una vez entronizadas resulta difícil erradicar, incluso cuando desaparecen las causas objetivas que las engendran».[86]

Salarios bajos, débil motivación, falta de disciplina de trabajo y escasa productividad constituyen un ciclo que ha afectado de forma cruel a los servicios, la manufactura y la agricultura y podría ser convertido en un ciclo virtuoso. Durante los tres últimos años, los salarios se descongelaron después de casi dos décadas y se concedieron algunos aumentos relativamente grandes. Pero en comparación con los aumentos en el precio de la electricidad doméstica, los alimentos (buena parte de los cuales deben comprarse en el mercado "libre"), la ropa y otras necesidades indispensables, los aumentos salariales están por debajo de lo necesario para estimular una mayor productividad.

Aunque hace falta aumentar el poder adquisitivo de los consumidores, también debe aumentar la disponibilidad de artículos de consumo a precios competitivos. Los aumentos de salario en situación de escasez llevan a gastar más dinero para comprar menos artículos, y los aumentos informales de los precios erosionan los "aumentos" simbólicos. La economía tiene que equilibrar la mayor producción y las importaciones de bienes de consumo con inversiones en bienes de equipo y producción para mercados de exportación. Las inversiones en instalaciones turísticas tienen que ser equilibradas con inversiones de capital y producción para mercados de exportación. La brecha entre instalaciones lujosas para turistas y el paupérrimo estado de la vivienda de los trabajadores creció enormemente durante el Período Especial. La continuación de la expansión del turismo extranjero durante la década y media de recuperación erosiona los valores socialistas tanto como la desigualdad resultante del robo

86. Discurso de Raúl Castro, 26 de julio de 2007.

de recursos públicos. Las desigualdades han aumentado a causa de las "bonificaciones" no oficiales a altos funcionarios que trabajan en empresas con participación extranjera, en el comercio exterior y en la economía del dólar/euro. Una nueva política de la renta puede incentivar la productividad si se combina con la participación directa de todos los trabajadores en la organización y la administración del centro de trabajo, así como con la inauguración de espacios múltiples para discutir sobre la reestructuración de la economía.

La nueva política de la renta debería promover sectores estratégicos de la economía. El crecimiento de la agricultura, la manufactura y los sistemas de información aplicada requieren cambios en la dirección de la política gubernamental y, sobre todo, en sus programas de formación educativa y profesional.[87] Mientras que la mayoría de los países asiáticos y latinoamericanos iban a la zaga de Cuba en los años sesenta, hoy la han superado en la diversificación de sus economías, el desarrollo de sectores competitivos de fabricación para la exportación y la disminución de su dependencia de un grupo limitado de productos de exportación. Al añadir valor a sus productos, los países asiáticos han incrementado sus ingresos, lo cual ha redundado en salarios más altos y un mejor "ajuste" entre educación avanzada y oportunidades de trabajo. La economía de Cuba se caracteriza por un gran desequilibrio entre un sistema educativo muy desarrollado y una economía de "monocultivo" que no provee los puestos de trabajo apropiados a la universalización de la educación superior. Cuba tiene que ajustar su educación para formar diplomados que gestionen y dirijan las actividades industrial y agrícola con vistas a que éstas produzcan en masa tanto artículos para el consumo popular como científicos para servicios médicos.

87. Pedro Campos: «Debería Cuba reconsiderar el comercio unidireccional con Estados Unidos y avanzar a la autosuficiencia alimenticia», junio de 2007.

Cuba produce y exporta níquel y cítricos –a pesar de la disminución de su valor añadido–, pero el procesamiento y la fabricación de productos terminados se realizan en otros lugares. Cuba produjo durante décadas 5-6 millones de toneladas de azúcar crudo para la exportación; después del fin de la URSS, tuvo que vender a precios de mercado mundial. En comparación, Brasil avanzó en el uso múltiple de la caña de azúcar procesada, especialmente como fuente de energía, mientras Cuba desperdiciaba sus escasas divisas extranjeras importando petróleo y reduciendo así el crecimiento general. Después, Cuba cerró muchas centrales azucareras. Algunos campos de caña se dedicaron a otros productos, pero muchos permanecieron sin cultivar, incluso cuando el precio del etanol subió vertiginosamente y aumentaron las importaciones cubanas de alimentos. Aunque numerosos críticos tienen razón al señalar los efectos negativos del cambio de la producción de alimentos a etanol, no es el caso de Cuba: los campos sin cultivar no producen ni alimentos ni etanol.

El crecimiento económico y la igualdad social se ven fuertemente afectados por la gran cantidad de robos de propiedad pública. Fidel Castro mencionó solamente un ejemplo: la pérdida de un 50% de los beneficios en la distribución de petróleo, vendido en el mercado negro. La corrupción oficial y el robo público concentran los ingresos en manos de los operadores del mercado negro, aumentando la desigualdad y erosionando la moral laboral de los trabajadores honrados. Igual de importante es que el robo acarrea mala asignación de recursos, retardos en las entregas de bienes y servicios y escasez de bienes. El castigo de altos funcionarios es necesario, pero insuficiente. Lo que requiere reformas de un modo especial es la creación de un nuevo sistema de responsabilidad pública basado en autoridades independientes de contraloría, comisiones de supervisión de consumidores y trabajadores con el poder de "abrir los libros". El control por los trabajadores y profesionales no eliminará por completo la corrupción, pero cuestionará a las autoridades mediante estudios independientes periódicos. El presidente *de facto* Raúl Castro ha exigido que los ministros sigan ahora agendas estrictas y presenten informes escritos actualizados relacionados con su campo de trabajo. Una mayor responsabilidad de la dirigencia es necesaria, pero no suficiente. Tiene que haber control y vigilancia de comisiones autorizadas desde la base y de una oficina paralela independiente de contraloría general.

Las empresas mixtas y un cierto grado de desigualdades de clase fueron tal vez necesarias para atraer capital durante los años de crisis sistémicas y colapso del comercio y de las redes financieras, el denominado Período Especial. Sin embargo, lo que en su tiempo fue considerado como una retirada o ajuste tácticos en un período particular, se ha enquistado con efectos trascendentales. Las desigualdades sociales han creado eso que Fidel Castro llama una clase de nuevos ricos que abrazan la ideología liberal. Impulsan un mayor espacio para la colaboración pública-privada, tratando en última instancia de integrar a Cuba en un mercado mundial dominado por el capital imperial. En Cuba el sector público sigue siendo preponderante y políticamente poderoso,[88] pero al ser incapaz de controlar la escasez en las necesidades públicas y de satisfacer el consumo individual, se hace cada vez más vulnerable a la crítica liberal y de sedicentes "socialistas de mercado". Estos últimos arguyen que la solución a la escasez es un mayor espacio para inversionistas capitalistas e intereses comerciales, tanto internos como extranjeros.

Las desigualdades sociales no son sólo el resultado de fuerzas de mercado, la corrupción y el turismo. También son un producto de la concentración del poder político en la administración y la dirección de la economía y la disposición de los gastos públicos. Para limitar el creci-

88. Sobre la preponderancia de la propiedad estatal a pesar del avance de las sociedades mixtas véanse los pronunciamientos del ministro de Economía José Luis Rodríguez en Gerardo Arreola: "Firme en Cuba el predominio de la propiedad estatal: ministro de Economía", *La Jornada*, 30-05-2007.

miento de una burguesía de nuevos ricos se requiere algo más que periódicas movilizaciones populares –como entregar el control de las gasolineras a trabajadores sociales– y las insistentes llamadas a la moralidad (que son importantes). La lucha contra la Nueva Clase requiere que un nuevo sistema de representantes elegidos supervise las asignaciones del presupuesto a los diversos ministerios y tenga poder para convocar a funcionarios responsables a audiencias televisadas para que exista una responsabilidad pública estricta, cuando sea necesario.

Uno de los motivos de descontento más frecuentes y repetidos entre la población es la gran desproporción entre la ayuda humanitaria en el exterior y la escasez de bienes en el mercado interno. Nadie pide el fin de la solidaridad con los pobres de todo el mundo, pero la masa cubana no apoya el grado en que se gastan actualmente recursos, en vista de la escasez de bienes de consumo dentro del país.

Se han presentado varias objeciones relativas a los compromisos de Cuba en el extranjero y a prioridades mal identificadas. Ante todo, se dona mucha ayuda y no tiene un beneficio práctico para Cuba: los programas de salud no obtienen como respuesta reacciones diplomáticas y políticas favorables de los países receptores. De hecho, los gastos cubanos de salud permiten que numerosos regímenes reaccionarios favorables a Estados Unidos sigan destinando fondos para incentivar inversiones extranjeras o comprar armas –como es el caso en Honduras, Pakistán, África y otros lugares–, reduciendo la presión popular sobre los gobiernos nacionales para que presten servicios sociales. Sin duda Cuba se gana el favor de los pobres de esos países, pero también provoca el resentimiento de muchos cubanos. Ante la urgente necesidad de acelerar programas internos, Cuba no está en condiciones de mantener costosos programas en el extranjero que carezcan de beneficios monetarios, estatales o comerciales. También se cuestionan los subsidios para estudiantes y pacientes extranjeros y para los numerosos delegados a conferencias.

Hay que pensar seriamente y tomar decisiones económicas durísimas para lograr un equilibrio efectivo entre las urgentes necesidades internas de Cuba y sus misiones humanitarias en el extranjero. Un ejemplo positivo de relaciones recíprocas equilibradas son los intercambios socioeconómicos de Cuba con Venezuela: petróleo a precios rebajados, inversiones y comercio de Caracas a cambio de servicios médicos, educacionales y sociales a gran escala prestados por la fuerza laboral altamente capacitada de Cuba.

Cuba es un país en desarrollo, que tiene grandes expectativas y logros, pero sigue siendo un país en el que la pobreza es evidente en las viviendas y en la deteriorada infraestructura del centro de La Habana.

Si Cuba ha de derrotar los desafíos externos y los del incipiente neoliberalismo interno, el sector público debe reaccionar mejor ante las necesidades populares. Para asegurar más transparencia y un mayor grado de reacción necesita más representación y supervisión de los sectores de consumidores y productores.

Cultura: la Revolución y los críticos neoliberales

La amenaza del neoliberalismo llega desde varios frentes. La "amenaza dura" más obvia proviene del imperio de Estados Unidos, del gobierno y de la propaganda masiva de sus pseudoorganizaciones no gubernamentales (ONG), de los medios de entretenimiento, así como de fuentes informales de ese entorno y reclutadores deportivos. Nosotros argumentaríamos que esta animosidad de la «línea dura» contra la Revolución Cubana es bien conocida, formidable, pero la menos efectiva... porque está claramente identificada y amplia y profundamente descifrada.

La amenaza cultural clara e inmediata para Cuba viene de dentro y está evidenciada en la disminución de las producciones culturales revolucionarias, en el cine, la literatura, el teatro y la música. En los años sesenta y setenta Cuba produjo magníficos documentales sobre las heroicas luchas del pueblo vietnamita y los levantamientos negros en Estados Unidos y el contraste entre intelectuales vacilantes y militantes revolucionarios. Durante las últimas dos décadas no ha habido un solo documental sobre las luchas de relieve histórico mundial de la resistencia iraquí, afgana o somalí contra las guerras imperiales dirigidas por Estados Unidos, la lucha de la guerrilla colombiana contra la "democracia" de los escuadrones de la muerte o la lucha de las masas negras de Nueva Orleans contra la erradicación capitalista de sus hogares, escuelas y hospitales.

Un destacado funcionario cubano de la industria cinematográfica me dijo que ésos eran «temas importantes», pero que carecían de fondos y que frecuentemente tenían que trabajar en coproducción con productores españoles y otros europeos que no estaban interesados en luchas revolucionarias. El argumento financiero no es convincente.[89] Se han realizado documentales sobre guerras anticoloniales con presupuestos limitadísimos: dos pasajes de avión, una cámara de vídeo, una grabadora, un saco de dormir y voluntad política, todo por menos de 5.000 dólares (menos que el precio de un solo anuncio turístico en un periódico europeo). No existe una necesidad financiera de ajustarse a los gustos de coproductores europeos liberales y posmodernos.

Muchos filmes y escritos denominados «críticos» caricaturizan a revolucionarios o a militantes o los excluyen por completo. Al ver, escuchar o leer las actuales producciones culturales cubanas se tiene la impresión de que ya no quedan revolucionarios honrados en Cuba.

La televisión cubana entrevistó recientemente a funcionarios literarios de los setenta, que defendieron posiciones culturales rígidas y dogmáticas en aquel período. Los "nuevos críticos" levantaron un revuelo, no sólo criticando justificadamente las políticas culturales de los antiguos funcionarios, sino atacando a las estaciones de

89. Entrevista en La Habana, 7 de febrero de 2005.

televisión, la política cultural del gobierno y llamando a que haya despidos, investigaciones y censura.[90] En otras palabras, los "nuevos críticos" llamaban a introducir exactamente los mismos métodos autoritarios que sus antiguos perseguidores. Además, la vehemencia de su campaña, en general, adoptó el color de una caza de brujas contra todo esfuerzo literario o artístico que tratara de defender, proyectar o utilizar situaciones, valores revolucionarios o cualesquiera realidades o situaciones sociales positivas de la Cuba contemporánea.

Como parte del repertorio del "nuevo cine", como contrapunto para la caricatura mecanicista, acartonada de revolucionarios, los exiliados cubanos son mostrados como individuos sensibles que tienen "sentimientos" hacia Cuba, pero están confortablemente situados en el extranjero. El "nuevo cine" no menciona que en Estados Unidos los exiliados no gozan de atención sanitaria universal y de educación gratuita. En sus películas, los protagonistas exiliados carecen de toda conciencia sobre el régimen asesino de Bush, que mata a millones de personas en Oriente Próximo. Ninguno de los crímenes contra la humanidad penetra en los sensitivos "argumentos personales" de los nuevos críticos.

La nueva literatura en Cuba –en su ruptura con el socialismo real– contiene estereotipos raciales y sexuales, entre los que destaca la sensual mulata con largas piernas y prominentes nalgas. Aventuras románticas con turistas u hombres de negocios europeos llevan a lacrimosas separaciones y a promesas de un futuro mejor en el extranjero.

Considerando las décadas de estrechas relaciones culturales y educaciones con la URSS y la Europa del Este, hay una ausencia total de descripción o relato novelesco de la catastrófica crisis que ha afectado a la sociedad postsoviética y el ascenso del neoliberalismo en Europa del Este. En ninguna parte registran los artistas cubanos las masivas crisis socioeconómicas resultantes

90. Gerardo Arreola: "Cuba: el fantasma de la censura", *La Jornada*, 19-01-2007.

de la adquisición extranjera de las economías de las antiguas sociedades comunistas. No hay documentales o producciones dramáticas del saqueo de los fondos de pensión, del crecimiento vertical de bandas criminales involucradas en la droga y la esclavitud sexual de pobres mujeres y niñas, ni la disminución sin precedentes de la población debido a las drogas, el alcohol, los suicidios y enfermedades infecciosas que otrora habían sido vencidas, como la tuberculosis y la sífilis. Al describir la nostalgia del exilio cubano, no hay nada del otro lado del neoliberalismo, sólo una visión de la relativa afluencia de la clase media occidental, en sí misma una clase con niveles de vida en decadencia.

¿Será que los "nuevos críticos", con sus propias visiones liberales, se niegan a describir las desastrosas consecuencias del "socialismo de mercado" o del "postsocialismo" por temor a debilitar su propia versión de una transición a una "Cuba nueva y abierta"? Al evitar las horrendas consecuencias de las transiciones al capitalismo, prefieren concentrarse en la tarea más fácil de contrastar los problemas y contradicciones inmediatos de la Cuba pasada y presente con un Occidente idealizado. Pocos artistas e intelectuales expresan preocupación por los defectos y contradicciones de su postura liberal-democrática.

Existe la necesidad de una revolución cultural en Cuba, de sobrepasar la insuficiente representación de afrocubanos en la publicidad, en las posiciones de dirigencia y en la visibilidad oficial; y de profundizar y ampliar la formación profesional de afrocubanos para disminuir su sobrerrepresentación en el boxeo y en otros deportes perjudiciales.

La recuperación de las prácticas culturales revolucionarias y programas de acción racial afirmativa fortalecen y profundizan el proceso del socialismo del siglo XXI y abren el camino para la reformulación crítica del proceso de toma de decisiones económicas. Las reflexiones críticas y el debate sobre prácticas económicas pasadas probablemente llevarán a una mayor atención a una mayor racionalidad, coherencia y análisis de costos y beneficios. La dependencia de llamadas morales al sacrificio ya no es tan efectiva como lo era en los años noventa. La introducción de nuevos proyectos públicos en gran escala con "resultados postergados" o promesas de concesiones futuras a las masas no generan entusiasmo popular, tal como señalara explícitamente Raúl Castro en su discurso del 26 de julio de 2007.

La planificación cubana de inversiones ha estado dominada por estallidos de entusiasmo ante grandes ideas directrices, que seguramente poseen algunas características progresistas pero que, realizadas en aislamiento de otras prioridades, no corresponden a criterios de análisis de costos y beneficios. Se destacan dos áreas: la informática y la biotecnología. Ambas reciben inversiones multimillonarias en dólares y han producido algunos resultados innovadores. Pero ha sido gracias a un gran costo en relación con otros sectores.

La inversión cubana del equivalente de varios cientos de millones de dólares en la construcción de una compleja universidad especializada en las ciencias informáticas es un ejemplo. El proyecto de universidad podría haber sido incorporado e integrado en centros universitarios existentes y, lo que es más importante, integrado con instituciones cruciales para la construcción de bases de datos y programas capaces de procesar información para mejorar el rendimiento de fábricas, gasolineras, hospitales y antecedentes de pacientes, etc. La contradicción entre una costosa universidad especial de ciencias informáticas avanzadas y el procesamiento anticuado de datos en instituciones sociales y económicas clave es indicativo de la tendencia a adoptar una "Gran Idea", la informática, sin pensar a fondo cómo encaja y puede ser aplicada para solucionar problemas de ineficiencia, hurtos y retrasos.

La biotecnología es el área más citada por los cubanos como su sector de crecimiento futuro. Más de mil millones de dólares han creado instalaciones de primera calidad, entrenado y reclutado a científicos excelentes y producido algunas importantes vacunas y progresos en cuidados médicos. Sin embargo, hay que reconocer que en Cuba, como en el resto del mundo, el rendimiento de inversiones en biotecnología, tanto en términos de grandes adelantos médicos y en términos monetarios, ha sido, en el mejor de los casos, disparejo. Las innovaciones biotecnológicas han producido modestas mejoras en la salud pública, y ello tanto en Cuba como en Europa y en Estados Unidos. Por cada descubrimiento exitoso, han fracasado varias docenas de costosos programas. Considerando la necesidad que tiene Cuba de cubrir de modo económico y fácilmente disponible las necesidades elementales de alimentos nutritivos, transporte público, viviendas familiares y otras necesidades urgentes, hay que plantearse el problema de las prioridades y debe ser discutido abierta y ampliamente en la sociedad cubana. Considerando los altos niveles de escasez crónica de artículos de consumo, el deterioro de las infraestructuras, los bajos salarios, ¿puede Cuba seguir invirtiendo miles de millones en sectores de alto riesgo?

¿Vale la pena el reconocimiento científico internacional y la ayuda humanitaria al precio del desencanto y la disminución del fervor revolucionario durante veinte años más de escasez en el país?

La política exterior cubana ha cosechado muchos éxitos diplomáticos importantes: un 98% de apoyo en la Asamblea General de las Naciones Unidas y un voto casi unánime en la Organización de Estados Americanos contra el bloqueo económico de Estados Unidos. Cuba mantiene relaciones comerciales con casi todo el mundo e incluso un comercio no recíproco con Estados Unidos, a pesar del endurecimiento del embargo comercial y de viajes durante los mandatos de Clinton y Bush (ley Helms-Burton). Cuba y Venezuela han impulsado exitosamente alianzas estratégicas comerciales, de inversiones y militares a pesar de la severa presión de la Casa Blanca. La política exterior de Cuba ha abierto y expandido relaciones diplomáticas y económicas con los regímenes clientes más serviles de Washington, a pesar de la presión de Washington. La "diplomacia pueblo a pueblo" le ha ganado el favor de los pobres de todo el mundo. La oposición intransigente de Cuba a los libres mercados y a las invasiones militares en Asia y Oriente Próximo (en particular las invasiones coloniales de Iraq, Afganistán y Líbano) ha granjeado a Cuba el apoyo de la gente en todo el mundo y la simpatía de numerosos gobiernos del Tercer Mundo.

El éxito mismo de Cuba en la ruptura del bloqueo diplomático y económico imperial ha creado una nueva serie de contradicciones: en ocasiones, el interés legítimo del Estado por incrementar al máximo el apoyo comercial y diplomático a Cuba ha llevado al gobierno a apoyar y refrendar a algunos regímenes reaccionarios neoliberales, como el de Lula Da Silva en Brasil, y a hacer gestos amistosos hacia el presidente de los escuadrones de la muerte, Uribe, en Colombia.[91] El problema crucial es la falta de separación entre el Estado cubano y el Partido Comunista de Cuba. Lo que es apropiado desde el punto de vista diplomático para el Estado cubano es políticamente reaccionario desde el punto de vista de los movimientos de masas populares en los países que combaten contra regímenes neoliberales. Cuba podría resolver el problema si el Estado y el partido fueran organizaciones claramente distinguibles. El partido podría hablar desde una perspectiva revolucionaria en solidaridad con las luchas de los pueblos y el Estado podría trabajar con los regímenes existentes.

Conclusión: contradicciones y alternativas

El éxito de Cuba en la superación del colapso de sus principales socios comerciales en Europa del Este y de la antigua URSS, y la reestructuración de su economía, son algunos de los acontecimientos más llamativos de la historia contemporánea. De la misma manera, la capacidad

91. Gerardo Arreola: "Intercambian invitaciones Castro y Uribe para hacer visitas recíprocas", *La Jornada*, 02-04-2007; "Nueva etapa de cooperación y solidaridad con Cuba: Torrijos", *La Jornada*, 02-12-2005. Torrijos es presidente de Panamá y un notorio propugnador del libre mercado y partidario del ALCA.

del sistema nacional de seguridad de Cuba para derrotar todos los esfuerzos de la mayor superpotencia del mundo por destruir la revolución no tiene precedentes en la historia mundial reciente.

El éxito de Cuba en garantizar un mínimo de recuperación económica mientras mantiene importantes programas sociales, la destaca del resto del mundo, en el que la reestructuración económica se ha visto acompañada por fuertes restricciones en los servicios sociales. Sin embargo, los cambios estructurados por el gobierno revolucionario han creado importantes contradicciones, que hasta ahora no han amenazado al sistema; pero podrían hacerlo si no se tuvieran en cuenta. Hay procesos, prácticas, políticas y estructuras que erosionan gradualmente la base de apoyo popular y deberían encararse con cierta urgencia mientras aún sean resolubles. Las reformas positivas podrían incluir:

1.– Una planificación económica equilibrada, la supervisión de la administración y la participación de los trabajadores-consumidores en el proceso conjunto de toma de decisiones.

2.– La publicación para el escrutinio público de cuentas, ingresos y gastos de todos los ministerios.

3.– La publicación de cuentas de gastos, transporte, regalos privados y posesiones y compras en el extranjero de todos los altos funcionarios.

4.– Debates públicos y referendos sobre las prioridades en las inversiones, ayuda al extranjero frente a programas internos de salud, vivienda y transporte.

Los responsables de la toma de decisiones en Cuba deberían romper con la mentalidad del monocultivo: es insuficiente romper con las exportaciones de azúcar y basarse en la economía turística y en materias primas (níquel, cítricos, tabaco, etc.). Podrá ser políticamente hábil desarrollar vínculos limitados con exportadores agrícolas en Estados Unidos, pero no tiene sentido llegar a depender de alimentos y sacrificar la seguridad alimentaria, especialmente en el comercio no recíproco, con un Departamento del Tesoro de Estados Unidos que exige dinero contante y sonante (¡sin crédito!).[92] Aunque la ALBA es una gran alternativa al ALCA dominado por Estados Unidos, Cuba debe desempeñar su papel promoviendo las importaciones de alimentos (que actualmente son casi nulas) de Bolivia, Ecuador o Nicaragua en lugar de Estados Unidos, a cambio del cobro de exportaciones farmacéuticas y de servicios sanitarios y educacionales.

Cuba debería considerar la reapertura de sus campos de caña de azúcar cerrados con demasiada premura, especialmente aquellos (tierras llanas) adecuados a la cosecha mecanizada. Con los altos precios sustentables del azúcar debido al cambio hacia biocombustibles (etanol), Cuba puede ganar divisas extranjeras, producir etanol y reducir su dependencia del petróleo importado que, incluso a los precios subvencionados de Venezuela, sigue estando a más de 30 dólares por barril.

El nuevo complejo especializado en ciencias informáticas de Cuba debería integrarse en el sector de servicios económicos y sociales –programas aplicados: urge tener programas de estudio en hospitales y fábricas para crear redes informáticas que vinculen a hospitales, clínicas y sitios de trabajo. Hay que informatizar sistemas de transporte para controlar la puntualidad, reducir desvíos de rutas que llevan a entregas ilegales de materiales sustraídos de almacenes estatales a negociantes del mercado negro. La informatización, que incluya datos diarios o incluso instantáneos sobre ingresos del petróleo y de otros puntos de distribución, aumentará los ingresos y reducirá la corrupción. La informatización y los consejos de super-

92. El director de las importaciones de alimentos de Cuba, Pedro Álvarez, proyectó la compra de entre 1.500 y 1.600 millones de dólares en importaciones de alimentos de EEUU, la gran mayoría de los cuales podrían ser producidos en Cuba. Las importaciones de alimentos de EEUU representaron más de la mitad del déficit comercial neto de Cuba para 2006. Entre 2001 y 2006 Cuba ha gastado 2.260 millones de dólares en compras de alimentos de EEUU. Sobre las importaciones de alimentos de Cuba de EEUU, véase Ernst and Young, obra citada, Partes II y III; "Cuba prevé comprar este año en el exterior entre 1.600 y 1.700 millones de dólares en alimentos", *La Jornada*, 31-07-2007. Sobre los precios exorbitantes en el mercado de agricultores de Cuba en relación con sueldos y jornales, véase BBC *News*, 31-07-2007.

visión de consumidores-trabajadores-contables definirán parcialmente el socialismo del siglo XXI.

La diversificación industrial, especialmente en líneas relacionadas directamente con productos para la economía popular y la exportación, requiere mayor énfasis en la formación profesional, el diseño de ordenadores y los estudios del consumo. La informatización tiene que estar más estrechamente relacionada con la satisfacción de urgentes necesidades populares.

Cuba debe invertir en la industrialización de sus productos del níquel, sumando puestos de trabajo calificados en la manufactura y valor agregado a sus exportaciones a China y otros países. Sobre todo, Cuba debe recuperar su seguridad alimentaria.[93] No existe ninguna razón justificable por la que Cuba no pueda ser autosuficiente en carne de aves de corral, carnes, arroz, frijoles y otros alimentos esenciales si reestructura sus prioridades de desarrollo económico, pone más énfasis en el desarrollo y la profundización de su mercado interno y transfiere sus inversiones de los sectores terciarios sobredesarrollados a sus sectores primarios y secundarios.

Cuba ha sobrevalorado sus programas de ayuda médica al extranjero suministrando clínicas nuevas, mientras que sus hospitales locales se deterioran. Las salas de espera y las de las clínicas vecinales deben estar limpias y bien pintadas. Algunas clínicas carecen de suficiente plantilla. El personal de mantenimiento está infrautilizado. Los hospitales carecen de equipos básicos de capacitación y de reactivos químicos en los centros de diagnóstico, etc. Aunque observadores exteriores comparan correctamente la vasta superioridad de Cuba frente al pobre sistema de atención sanitaria pública en Estados Unidos, los cubanos se han quejado recientemente de demoras y

93. Raúl Castro subraya la necesidad de aumentar la producción de alimentos y de industrializar y diversificar la economía en su discurso del 26 de julio de 2007; critica la inercia burocrática y llama a nuevas formas de relaciones de propiedad incluyendo la inversión extranjera (esto como reacción ante la incompetencia de la actual administración estatal).

esperas en el tratamiento a causa de la asignación al extranjero de personal médico.

Cuba debe pensar, con Martí, en recrear la dinámica nacional interna de la Revolución, colocando por encima de todo la satisfacción de las necesidades de consumo del pueblo cubano. Esto puede lograrse corrigiendo los desequilibrios entre los sectores de exportación e interior, el desarrollo de la capacitación avanzada y de las necesidades prácticas de la economía. El sistema educacional, actualmente orientado hacia el sector de servicios, debe producir graduados para diversificar la manufactura y reanimar la producción de alimentos.

Cuba ha demostrado en el pasado su capacidad de resolver sus contradicciones internas. Las actuales no son irresolubles, pero requieren una reconsideración seria y profunda de las actuales prioridades, estrategias y estructuras. Es necesario un debate a fondo abierto entre todos los cubanos anti-imperialistas para profundizar y sustentar los logros de la Revolución.

Los nuevos dogmas y posturas de artistas, escritores y cineastas apolíticos y liberales constituyen un obstáculo de la misma importancia para la profundización de la revolución que los burócratas afianzados en sus posiciones. La Revolución Cubana y sus dirigentes pueden contar con una enorme reserva de buena voluntad, solidaridad y lealtad de la vasta mayoría de los cubanos. Pero hay límites en el tiempo y la paciencia, pues el deseo cubano de una buena vida exige soluciones para las necesidades de cada día.

Retrasos y constantes postergaciones en la satisfacción de necesidades de vivienda, ingresos y alimentos sólo ayudan a los contrarrevolucionarios liberales internos que argumentan en favor de mayores «libertades de mercado».[94] Las llamadas a la moralidad y las medidas discipli-

94. Actualmente, Raúl Castro ha convocado a diversos académicos para, reunidos en diferentes grupos de trabajo, analizar los problemas y deficiencias de la propiedad estatal y relaciones público-privadas alternativas.

narias son necesarias, pero insuficientes si no se acompañan de más supervisión popular y de una creciente disponibilidad de bienes materiales, incentivos materiales, una calidad asequible y alimentos variados y viviendas disponibles para cada generación familiar. El futuro de la Revolución es ahora mismo, no durante nuestra vida, sino este año. Lo que está en juego es nada menos que el futuro de la Revolución Cubana mientras prosigue el actual debate de gran alcance sobre la estrategia, las estructuras sociales y la acción política.

Tal como declarara uno de los líderes históricos de la Revolución de 1959, el comandante Ramiro Valdés, el pasado 28 de mayo de 2007: «Fortalecernos internamente en la economía, en los dominios de la ciencia y la tecnología, en la conducción de las problemas sociales y la calidad de vida de nuestro pueblo, son tareas a las que tenemos que volcarnos con eficiencia creciente, si queremos que la Revolución y el socialismo cubano sean realmente irreversibles, como esperan Fidel y Raúl».[95]

Cuba y un hombre perverso[96] (I)

Por *Pablo González Casanova*

Perverse interpretari.
Cicerón

Vamos a suponer que Petras es un hombre perverso. Se llama James y, además, es inteligente. Durante años se prepara a ejercer un arte difícil: criticar a la izquierda desde la izquierda. Es un arte dudoso, equívoco. Se presta a alusiones oscuras, a confusiones de ideas, explicaciones incompletas o defectuosas, interpretaciones ambiguas o dobles significados. Petras se entrena para dominarlo, a sabiendas de los peligros y sus desenlaces.

95. *La Jornada*, 30-05-2007.

96. *La Jornada*, 12-09-2007.

Es su misión vital. James estudia al dedillo un arte que se presta a criticar a la izquierda para que triunfe la izquierda, o para destruir a la izquierda con sus propios argumentos. Quienes practican ese arte saben que pueden dañar a la emancipación humana por no practicarlo y también al especializarse en practicarlo.

James es un especialista. Con razón asume que sus argumentos van a ser bienvenidos. Piensa en el inmenso daño que los conocimientos prohibidos, al estilo estalinista, causaron en el movimiento revolucionario. Tiene toda la razón. Pero como James es inteligente y perverso se cuida de aclarar que las críticas a la izquierda sólo prueban su validez si se dan tres condiciones, o una de las siguientes tres condiciones: 1. Si quien las formula no está equivocado en lo que afirma que pasa. 2. Si no comete el grave error de proponer para la acción lo que es imposible dentro de las constricciones insuperables de una situación y un momento históricos, en las que ni siquiera es posible desestructurar lo imposible, y 3. Si no propone como solución medidas que han comprobado su inmensa capacidad de destruir los proyectos y procesos emancipadores.

Petras, James, o James Petras, escribe un artículo sobre Cuba. Al escribirlo piensa que lo mejor para empezar es, primero, denunciar dura y reiteradamente el cruel bloqueo y asedio del que Cuba ha sido objeto por parte de «Estados Unidos y sus socios cubanos del exilio»; segundo, reconocer los más visibles logros de la Revolución Cubana; tercero, aceptar otros hechos, también evidentes, como que Cuba es el único país que, en medio de incontables dificultades y ataques, continúa construyendo el cambio emancipador abandonado desde Rusia hasta China, pasando por Vietnam y por los antiguos países socialistas del Este de Europa.

La lista de Petras sobre la derrotada invasión de Estados Unidos, sobre el bloqueo marítimo que falló, sobre los numerosos intentos de asesinatos y ataques terroristas logrados y fallidos, sobre las amenazas intimidantes, las cancelaciones y prohibiciones bancarias y comerciales contra la isla es una lista impresionante aunque no sea completa.

La reflexión que hace Petras sobre la eficacia de esa política criminal es digna de especial atención. Le sirvió a Estados Unidos para derrocar a gobiernos reformistas o revolucionarios como el de Arbenz en Guatemala, el de Mossadegh en Irán, el de Allende en Chile, el de Lumumba en el Congo, el de los sandinistas en Nicaragua, los de Aristide en Haití, y a "muchos otros", mientras que Cuba ha podido resistir en medio siglo. Esa reflexión se complementa con otra, también exacta, sobre cómo esos gobiernos no sólo cayeron por culpa de Estados Unidos, sino por lo que habitualmente llamamos sus "contradicciones internas", expresión que él resume en otra menos precisa al escribir «que fueron derrocados o se desplomaron por sí mismos...», formulación que no ayuda a ver que el conjunto del problema se da con la intervención del imperialismo que aprovecha al máximo posible las contradicciones internas para derrocar a cuanto gobierno le viene en gana, mientras en Cuba por más que empleó las intervenciones directas y las contradicciones internas no tuvo éxito. Pero de allí, Petras no deriva que algo hay en Cuba, en materia de atenuación de las contradicciones internas, que permitió al pueblo cubano y su gobierno enfrentar y vencer al enemigo imperial y a sus aliados del interior.

En todo caso, James sí reconoce «la gran virtud de la Revolución Cubana para sobrevivir y mantener muchos de sus logros sociales positivos...». Y de allí pasa a formular una lista de los logros. La lista es impresionante tanto por lo que significa como por la exactitud histórica y numérica con que los enuncia. El problema es que la lista es incompleta y que le falta «lo mero principal», como decimos en México.

Petras se refiere a los triunfos cualitativos en una educación que es universal y gratuita en todos los niveles; en las políticas sanitarias que aumentan la esperanza de vida y los índices de salud con una formación y distribución de médicos y servicios médicos que colocan a la población en mejores niveles que los de muchos países altamente desarrollados; en programas por los que los trabajadores que pierden su empleo siguen recibiendo su respectivo salario mientras se les prepara a adquirir nuevos conocimientos de su interés, que sean requeridos para darles un nuevo empleo. Se refiere también a «la seguridad que las instituciones nacionales prestan eficazmente a los habitantes frente a los ataques terroristas de Estados Unidos» y frente a los esfuerzos internos de «desestabilización patrocinados por las organizaciones "disidentes" financiadas por la Casa Blanca». Menciona la continuación de pagos de seguro a los jubilados, el control de las empresas de participación extranjera por el gobierno cubano; la «sorprendente recuperación económica» de Cuba después del Período Especial, en que se vio obligada –tras la caída de la Unión Soviética y la pérdida de la enorme ayuda que ésta le daba– a hacer grandes sacrificios en la economía y la sociedad, todos consensuados con el pueblo, y que le permitieron, en medio de grandes carencias, no sólo sobrevivir sino recuperarse.

A tan impresionante registro de los triunfos de Cuba que Petras realiza le falta, sin embargo, un logro esencial, precisamente el que distingue a Cuba de otros movimientos que se encaminaron al socialismo y se perdieron en el camino... Y cuando uno se pregunta cuál es ese logro, advierte que se trata de la coherencia entre el deber y el hacer, entre el pensar y el actuar de acuerdo con valores y objetivos emancipadores en que la conducta moral e intelectual de las vanguardias se materializa en fuerzas colectivas inmensas que se extienden desde pequeños, o relativamente pequeños núcleos como el Movimiento 26 de Julio en sus orígenes, los comunistas encabezados por Carlos Rafael Rodríguez, los pobladores de Santiago organizados por Frank País, los líderes revolucionarios campesinos de la sierra y el llano y de los trabajadores industriales y agrícolas, así como los estudiantes e intelectuales que se van juntando a unos y otros, o que forman parte de ellos como pioneros y hasta como precursores del gran movimiento. Esa poderosa virtud –permítaseme la redundancia– de una moral personal y colectiva se combina con un pensamiento crítico y revolucionario que arranca de Martí y de Mella, y con una cultura muy amplia, muy flexible en la forma, y muy dura en el fondo moral e intelectual. Esa cultura, en empresas de ideales a realizar, es la base de una combinación de la revolución con la cortesía, con el respeto a las ideas y creencias del otro, con la diplomacia; y la valentía inteligente e informada en el combate, capaz de adaptarse, de corregirse y de crear; es también el origen de la civilidad que hace de la Revolución Cubana la menos violenta en la historia universal de las revoluciones, y la que inserta, en las relaciones sociales emergentes, el idealismo de construir un «hombre nuevo» mediante una extraña solidaridad y fraternidad impagables, que se practican a escala local, nacional y mundial, en todo lo posible, como anuncio practicado de una nueva historia humana. La importancia de esos y otros hechos es que en una gran medida no son sólo cubanos, sino humanos. Y son precisamente los vínculos entre los valores intelectuales, morales, políticos y la lógica de la fuerza desde abajo, los que explican en gran medida el triunfo de la Revolución Cubana, aunque ésta se halle aún lejos de haber construido «el hombre nuevo» a que aspiró el Che para toda Cuba y para el mundo entero. El grandioso objetivo requiere la colaboración creciente de aquella parte de la humanidad que insista en «tomar en sus manos las riendas de su destino», como decían antes los románticos, y como, en términos más sencillos, plantean hoy los verdaderos movimientos alternativos.

Cuba y un hombre perverso[97] (y II)

Por *Pablo González Casanova*

La omisión de tan rara y grande fuerza, entre los logros que desconoce James Petras, lo lleva a formular crí-

97. *La Jornada*, 13-09-2007. Respuesta al artículo de James Petras y Robin Eastman-Abaya "Cuba: revolución permanente y contradicciones contemporáneas", publicado en *Rebelión*, 24-08-2007.

ticas que en el mejor de los casos presenta mutiladas o sesgadas. Lo lleva incluso a algo aún más doloroso, a perder conciencia de las mentiras que hace suyas. Y, entre sumideros presuntuosos, lo lleva a posesionarse de su papel y a señalar sin reserva qué políticas debería haber seguido o debería seguir Cuba. El fenómeno no es nuevo: ya Jimmy Carter quiso decir a los cubanos cómo deberían hacer la democracia; hoy James Petras les dice cómo deberían hacer el socialismo. La figura señera del pequeño y enérgico profesor adquiere rasgos dramáticos mientras sube al despeñadero. Para comprender lo que le pasa es mejor citar, tal como aparecen, sus críticas a los dirigentes de la revolución, sus críticas a las decisiones que han tomado, y las propuestas que él instruye con firmeza y convicción expertas. Críticas y propuestas de políticas alternativas lo llevan a 180 grados de una posición ultrarrevolucionaria. Ponen bajo su firma las mentiras o engaños de los neoliberales y de los «socialistas de mercado» a quienes él –ya en vano– critica –«como por no dejar»–, haciendo suyas las palabras (fuera de contexto) de un comandante histórico de la revolución, recurso que también emplea para validar algunas de sus críticas con las de Fidel y Raúl Castro, de quienes toma importantes autocríticas para dar a entender que ellos apoyan sus disparatadas afirmaciones... y apadrinan la «validez», o «confiabilidad» a sus propuestas de políticas revolucionarias, *ultra* y *contra*.

Aquí tal vez es necesaria una aclaración en el sentido de que, para mayor confusión, alguna o algunas de sus propuestas quizá sean válidas, como dar mayor importancia a la producción de alimentos de consumo interno; sólo que en casos como éste, en que uno duda si criticar a James o no, también piensa uno que sería muy bueno que quienes han tomado las decisiones sobre política económica y social en Cuba vuelvan a documentarnos en lo que concierne a las opciones que tuvieron y que desperdiciaron pudiéndolas aprovechar, y sobre las opciones muy peligrosas en que organizaron verdaderos plebiscitos para decidir. El mundo verá con interés cuáles fueron y son los escenarios que en materia de opciones tuvo y tiene Cuba para resolver unos problemas, sin descuidar otros como el transporte público o la vivienda, que son objeto de malestar. Pero, de antemano, es necesario recordar que por mucho que se quiera tener «condiciones objetivas» para la construcción del socialismo, van a seguir contando necesariamente las «condiciones subjetivas» de los pueblos rebeldes, objetivamente empobrecidos, explotados, oprimidos, reprimidos, desalojados y hasta en proceso de extinción por enfermedades curables, por bombardeos de aldeas, de recursos y veneros, por hambrunas y furias religiosas o tribales alentadas y armadas por las fuerzas militares y paramilitares del imperialismo colectivo y sus asociados.

Para la construcción del socialismo en sociedades de recursos escasos, bloqueadas y acosadas, será muy importante conocer cómo tomó Cuba opciones en una situación en que cualquier alternativa que tomara tenía efectos positivos y también negativos. Mientras tanto, dejemos hablar a Petras. Tras criticar «los bajos salarios en Cuba que desalientan a una población muy educada» para trabajar en el cultivo de un producto de consumo nacional, como es el arroz, escribe que «sin embargo, por razones poco claras, Cuba rechaza la idea de alentar la inmigración desde países con excedente de trabajadores agrícolas experimentados, como Haití...». Es decir, implícitamente, Petras hace una propuesta para aprovechar las diferencias de que el colonialismo y el capitalismo se aprovechan para manipular y explotar a los trabajadores, las políticas que se aplican desde Estados Unidos hasta China, pasando por Europa y Rusia, y otros estados menores, todos con sus patios traseros.

Petras espeta otra propuesta, tal vez no bien calculada, en la que afirma que «con un poco de cemento y una mano de pintura barata se podrían revitalizar los vecindarios obreros, ahora gravemente deteriorados». En cuanto a las críticas que cita de Fidel Castro cuando dijo en 2005 que el «mercado negro y el robo de gasolina» estaban afectando gravemente a la economía y la moral en Cuba, saca como conclusión que «las autoridades gubernamentales y la vigilancia administrativa no funcionan», y reconviene al gobierno porque «los ministros a cargo de la energía, el transporte y el comercio ni siquiera hayan sido reprimidos públicamente».

Poco a poco, James Petras cae en sus fantásticas propuestas de políticas alternativas. Ya plenamente posesionado de su papel, dice al pie de la letra: «La nueva política de la renta debería promover sectores estratégicos de la economía. El crecimiento de la agricultura, de la manufactura y de los sistemas de información aplicada requieren cambios en la dirección de la política gubernamental y, sobre todo, en la formación educativa y profesional». Y esta vez, en creciente apoyo a sus propias propuestas, se va al otro mundo, al mundo capitalista: «Mientras que la mayoría de los países asiáticos y latinoamericanos –escribe– iban a la zaga de Cuba en los años sesenta, hoy han superado a Cuba en la diversificación de sus economías, el desarrollo de sectores competitivos para la exportación y la disminución de su dependencia de un grupo limitado de productos de exportación. Al añadir valor a sus productos los países asiáticos han incrementado sus ingresos, lo cual ha redundado en salarios más altos y un mejor ajuste entre la educación avanzada y las oportunidades de trabajo...». ¿Petras, James Petras dice esto? Sí, y dice mucho más. Incluso afirma que Cuba debe abandonar o disminuir su política de solidaridad con otros países de América Latina y África, a los que envía médicos y medicinas, y aprovechar esos recursos para atender a su propia población, que tantas carencias tiene, o para mejorar sus ingresos comerciales en divisas.

Aquí me detengo para que los lectores vayan directamente a un documento dramático y excepcional; dramático, porque en realidad apoya a los que en la propia Cuba pretenden aplicar las mismas políticas que en China o Vietnam se han aplicado para restaurar el capitalismo. Excepcional, porque en el mismo documento, el mismo autor, ultrarrevolucionario, pasa a preconizar políticas ultraconservadoras y restauradoras, entre argucias, falacias y engaños que nos recuerdan a esos hombres de los que habla Borges, que ya se murieron y todavía no lo saben.

Defendiendo la Revolución Cubana: ¿Con amor o con veneno?[98]

Por *James Petras*

Todas las revoluciones, y la cubana no es una excepción, avanzan inmersas en un proceso contradictorio: al mismo tiempo que solucionan los problemas básicos inmediatos, se enfrentan a nuevos desafíos. Hay escritores revolucionarios que reconocen este proceso dialéctico y la necesidad de apoyar críticamente la revolución. Por otro lado, hay publicistas que se arrogan la función de apologistas incondicionales de cada cambio en la política que proponga el portavoz oficial y repiten como papagayos el argumento del día.

En su reciente ensayo "Cuba: Revolución permanente y contradicciones contemporáneas" (*Rebelión*),[99] James Petras y Robin Abaya describen con gran detalle las conquistas históricas de la Revolución Cubana: sus avances socioeconómicos, sus éxitos en la resistencia frente a la agresión imperialista de Estados Unidos, su capacidad de mantener programas populares básicos a pesar de la debacle de sus principales socios comerciales y la reciente recuperación económica y el crecimiento de que ahora goza. Tras bosquejar los logros de la Revolución Cubana, insólitos dentro del contexto mundial, Petras y Abaya destacan la aparición de contradicciones que podrían erosionar las bases populares de la revolución: el enorme déficit de viviendas, los bajos salarios de los trabajadores, la penuria del transporte, el robo generalizado de la propiedad pública, la baja productividad y la excesiva dependencia del turismo, las exportaciones de materias primas y las importaciones de alimentos (en particular de Estados Unidos). Algunos de los líderes de la Revolución reconocen la mayoría de estos problemas. Las causas pueden rastrearse hasta la ausencia de control popular

98. Artículo publicado en *Rebelión*, 17-09-2007, Manuel Talens (trad.), Juan Vivanco (rev.).

99. *http://www.rebelion.org/noticia.php?id=55223*.

sobre la política de inversiones, que da lugar a un desarrollo excesivo de los servicios para la exportación y a la falta de inversión en viviendas subvencionadas, transporte y agricultura.

Petras y Abaya destacan la necesidad de reflexionar y replantearse las grandes e intensivas inversiones de capital en hoteles y biotecnología a la luz de las crecientes demandas populares y del descontento ante la escasez crónica de artículos básicos de consumo privado. Concluyen que la lucha contra la corrupción generalizada y una mayor transparencia en los presupuestos públicos y en las remuneraciones personales de las autoridades comprometidas en empresas conjuntas pueden lograrse mediante audiencias públicas televisadas, convocadas por comisiones independientes de trabajadores, agricultores, profesionales y contadores titulados. Su ensayo es el reflejo de varias décadas de apoyo a la Revolución Cubana (incluso a veces con un costo personal) y de un profundo amor por su pueblo revolucionario. Tanto Petras como Abaya creen que los genuinos defensores de la revolución ofrecen su crítica constructiva para hacer avanzar el proceso contra sus enemigos externos e internos.

De acuerdo con sus observaciones y con un estudio cuidadoso de la erosión del socialismo en la URSS y China, Petras y Abaya han llegado a la conclusión de que cuando no se consulta a los trabajadores ni a los agricultores para planificar inversiones y prioridades, el apoyo al socialismo disminuye y el neoliberalismo aumenta. Al señalar con el dedo las contradicciones de Cuba, lo que están demostrando es su deseo de que la revolución evite las consecuencias catastróficas que tuvieron contradicciones parecidas en los antiguos regímenes socialistas.

Su ensayo ha logrado uno de sus propósitos principales, ya que ha estimulado un amplio debate dentro y fuera de Cuba, tanto entre intelectuales como entre activistas políticos. En particular, en Cuba, Raúl Castro ha hecho un llamado a un amplio debate crítico, a la formación de comisiones encargadas de revisar políticas básicas y de apoyar la formulación de nuevas estrategias socioeconómicas.

Petras y Abaya escribieron aquel artículo con la intención de participar en este debate fraternal.

Fidel Castro y Pablo González Casanova

Sin embargo, dos autores que gozan de gran reconocimiento no han logrado comprender ni reconocer el espíritu fraterno y la pertinaz solidaridad del ensayo que firman Petras y Abaya. Fidel Castro los acusó en "Los superrevolucionarios" de «envenenar» el intercambio intelectual, de apoyar el neoliberalismo y de otros «delitos de pensamiento» parecidos.[100] Los acusó de «pretender ser amigos de la revolución» mientras que al mismo tiempo la difamaban. Según su lógica (repetida luego como un papagayo por Pablo González Casanova en dos artículos consecutivos, "Cuba y un hombre perverso I" y "Cuba y un hombre perverso II",[101,102] la revolución avanza siempre de manera lineal, siempre adelante y sin contradicciones, apoyada por personas capaces de sacrificar sin descanso sus necesidades básicas. De acuerdo con esta lógica, quien niegue dicha linealidad y señale contradicciones y retos internos cae en manos de la contrarrevolución.

La dura polémica de Fidel adolece de graves defectos. El primero y principal, su denuncia de Petras y Abaya como «superrevolucionarios», «neoliberales» y «venenosos» podría considerarse como una amenaza a cualquiera que tome parte en el profundo debate que está teniendo lugar en la Cuba de hoy.

Decenas de miles de cubanos están aprovechando la nueva apertura de Raúl para implicarse en una crítica constructiva, que a veces va mucho más lejos que la de Petras y Abaya. En segundo lugar, la inferencia que hace Fidel de un apoyo infinito a la revolución refleja un grado de voluntarismo que no se corresponde con la realidad: la mayoría de los cubanos están cansados de esperar, las

---

100. *http://www.cubadebate.cu/index.php?tpl=design/especiales.tpl.html&newsid_ obj_id=*9841.

101. *http://www.jornada.unam.mx/*2007/09/12/*index.php?section=opinion&article=*017 *a*1*pol.*

102. *http://www.jornada.unam.mx/*2007/09/13/*index.php?section=politica&article=*020 *a*1*pol.*

parejas casadas aguantan mal el verse incluidas durante décadas en listas de espera para acceder a un apartamento decente y un aumento salarial; tampoco aprecian el verse en la obligación de aguardar hasta fin de mes para recibir el salario y poder comprar alimentos de calidad en el mercado libre; o de hacer cola para subir en el abarrotado transporte público. En la vida real hay límites en la espera de mejoras básicas, incluso entre las personas más revolucionarias.

La incongruencia de la polémica política de Fidel y González Casanova es más que evidente en su uso de invectivas personales: cuanto más vacía es la argumentación, más duros son los ataques *ad hominem*.

El ensayo de Pablo González Casanova es un ejemplo puntual. En vez de enfrentarse a los argumentos empíricos de Petras y Abaya, recurre a los insultos más extraños llamando «perverso» a Petras y tachando sus escritos de «perversión». Su omisión del nombre de la coautora –Robin Abaya– sugiere un sexismo flagrante. En vez de ofrecer pruebas que refuten las observaciones de Petras y Abaya sobre la vivienda, la política de la renta o los problemas de productividad, se interna en nuestro supuesto comportamiento perverso por haber osado criticar a los muy sabios y entendidos líderes cubanos. González Casanova no ha aprendido nada de la realidad cubana ni tampoco ha dejado atrás su retórica brezhneviana ante la argumentación socialista existente. No es una coincidencia si González Casanova se hace eco de la polémica de Fidel; repite sus invectivas hasta la caricatura y no da muestras de independencia de pensamiento. Escribe como un soldado del Líder, tenga o no tenga razón, pero no como un soldado de la revolución. Para ser un politólogo que presume de «científico social riguroso», González Casanova no parece haberse adentrado nunca en las calles cubanas ni haber hablado con las parejas que se arman de estoicismo durante diez años para obtener un apartamento o que trescientos días al año, a 40° de temperatura, toleran junto a cientos de personas el eterno retraso de una guagua atiborrada. Es difícil obtener estos datos en las recepciones de La Habana donde se agasaja a los universitarios extranjeros distinguidos.

Para disimular la dogmática y oportunista defensa que hace de una posición acrítica y su servil entuerto a las profundas reformas que pide el pueblo cubano, González Casanova sostiene que se inspira en los "movimientos sociales" y en las nuevas corrientes izquierdistas de Latinoamérica. Mientras que González Casanova elogia a los "movimientos sociales" desde su atalaya académica, su declarado «perverso», Petras, ha estado trabajando sobre el terreno durante décadas con dichos movimientos: en Brasil con el MST desde 1991 y con CONLUTA desde 2004; en Argentina con los trabajadores desempleados desde 2002; en Ecuador con el sindicato de los trabajadores del petróleo desde 2002 (y hoy con los movimientos sociales en el Polo Democrático); en México con el sindicato de los electricistas desde hace muchos años; con Chávez y los chavistas desde 2001. Y Petras ha defendido la Revolución Cubana desde 1959, cuando el Dr. González Casanova todavía era partidario del PRI.

Hay muchos otros movimientos y otras regiones y países donde el «perverso» favorito de González Casanova ha trabajado con los movimientos en lucha: España, Catalunya/Euskadi/Andalucía, Grecia, Italia, Turquía, Filipinas; pero creo que los lectores de *Rebelión* saben de qué hablo. Casanova, el apologista de salón de Cuba, carece de los hechos elementales sobre a quién critica y qué defiende. Los movimientos sociales en Latinoamérica tienen una vida política. No participan en la adoración de un culto al líder. Debaten, critican a sus dirigentes, sus errores e incluso a la Revolución Cubana... cuando es necesario. La irreverencia de los movimientos sociales para con la autoridad, incluso de líderes tan respetados como Fidel, los convierte en «perversos» según González Casanova o en «superrevolucionarios» según Fidel.

Defender la Revolución Cubana exige la defensa incondicional contra el imperialismo y también propuestas para rectificar sus problemas. Tales propuestas son actos de amor. La invectiva polémica y los ataques personales contra defensores de toda la vida de la revolución y de los movimientos revolucionarios aislarán aún más a Cuba –y a los oportunistas como González Casanova– de la realidad y de las transformaciones sociales que están por llegar a Latinoamérica y de los cambios sociales en Cuba.

Humor y Revolución[103]

Por Carlo Frabetti

«El humor es la sonrisa de la revolución», dijo poco antes de morir el joven poeta francés Marco Ménégoz, asesinado por los nazis en 1944. Y Freud ya lo había sugerido al señalar, en *El chiste y su relación con el inconsciente*, que el humor es intrínsecamente subversivo.

En febrero de 2004 y en el marco de la Feria Internacional del Libro de La Habana, participé en una larga mesa redonda (ocupó dos mañanas enteras) sobre el mercado de las ideas y el papel de los intelectuales. Pocas veces he tenido unos compañeros de mesa tan competentes (Atilio Borón, Luis Britto, Heinz Dieterich, James Petras) y un auditorio tan selecto (en primera fila, Irene Amador, Eva Forest, Abel Prieto, Iroel Sánchez, Eva Sastre...).

Fue interesante, sin duda, pero podría haberlo sido mucho más si hubiera habido un auténtico debate, en vez de una mera sucesión de clases magistrales un tanto solemnes. Como me comentó luego Eva Forest con su habitual ironía, todos los ponentes éramos «hombres, blancos y viejos», y parecíamos más interesados en quedar bien, en demostrar lo brillantes que éramos («como gallos levantando la cresta»), que en entablar un diálogo del que todos pudiéramos aprender algo. Me he acordado muchas veces de aquella conversación con Eva, que, con su vida y su obra ejemplares, con su infatigable sonri-

103. Artículo publicado en *inSurGente*, 20-09-2007.

sa entre cordial y burlona, era la prueba viviente de que el humor y la lucha pueden –deben– ir juntos.

Y he vuelto a acordarme de ella a raíz de la reciente polémica suscitada por el artículo *Cuba: revolución permanente y contradicciones contemporáneas*, de James Petras y Robin Eastman-Abaya, no tanto por el tema como por el tono de la controversia, pues la enconada actitud de algunos de los polemistas, más interesados en descalificar al contrario que en buscar la verdad, ha convertido la supuesta discusión política en una pelea de gallos, un lamentable incidente sobre el que creo que convendría reflexionar.

Al susodicho artículo siguió una breve nota de Fidel Castro titulada *Los superrevolucionarios*, en la que arremete contra quienes se atreven a darle a la Revolución «consejos» que, en última instancia, remiten a las consabidas fórmulas del neoliberalismo. Creo que la nota de Fidel sería excesivamente dura si mencionara de forma expresa a Petras y a Eastman-Abaya; pero no lo hace: evitando toda referencia personal, su crítica se centra en una determinada actitud (por desgracia muy difundida), y aunque la coincidencia temporal resulta inequívoca, queda en manos del lector calibrar en qué medida los contundentes argumentos de Fidel son aplicables a los autores mencionados (mejor dicho, no mencionados).

En el extremo opuesto, Pablo González Casanova, sustituyendo la reflexión política por sesgados argumentos *ad hominem*, en su artículo *Cuba y un hombre perverso* habla directamente de Petras y sólo de él; y en más de un sentido, pues, para empezar, ni siquiera menciona a la coautora de *Cuba: revolución permanente...*, una torpeza que bastaría para descalificarlo, al igual que el propio título del artículo o su primera frase: «Vamos a suponer que Petras es un hombre perverso». Por la misma regla de tres, y con más argumentos, yo podría «suponer» que González Casanova es el típico mediocre encumbrado, el típico académico oportunista y envidioso que aprovecha con saña la ocasión de arremeter contra un rival más brillante que ha sido desautorizado por el jefe; pero no lo haré:

me limitaré a recomendarle –y de paso al propio Petras, que tampoco ahorra improperios en su réplica *Defendiendo la Revolución Cubana: ¿con amor o con veneno?*– que no confunda al amigo que se equivoca con el enemigo «perverso», y que cuando polemice con alguien que ha dado sobradas muestras de apoyo a la revolución, lo haga desde el respeto y desde el deseo de avanzar juntos (aunque sea a partir de los errores, especialmente a partir de los errores). Y, ante todo, sin efusión de bilis; que si el humor es la sonrisa de la revolución, la acritud es la mueca de la reacción, el gruñido del feroz egoísta que todos llevamos dentro.

El necesario debate efectivo[104]

Por Pedro Campos

Si nos proponemos hacer un debate abierto y democrático, abierta y democrática tiene que ser la forma en que se realice, si no queremos que sea una discusión mediatizada, finalmente burocratizada y que termine en una desilusión más para la militancia, esta vez muy peligrosa.

Los cubanos nos hemos ido desacostumbrando al debate. En círculos intelectuales se ha discutido sobre la «cultura del debate» y se han señalado, muy acertadamente, las causas de sus deficiencias. Entre ellas hay hasta factores de tradición e idiosincrasia, pero, incuestionablemente, el exceso de centralización de las decisiones y la costumbre burocrática de esperar todo decidido desde arriba están entre sus principales causas.

Hoy en Cuba se realiza un debate sobre el discurso de Raúl el 26 de Julio pasado, orientado por el Partido a sus núcleos. Se espera realizarlo también en los sindicatos y entre los estudiantes, y posiblemente se extienda a todo el pueblo. Sin embargo, este trascendental aconte-

104. Artículo publicado en *inSurGente*, 21-09-2007.

cimiento no está recibiendo el tratamiento que merece en la prensa del país: muchos en la población están al margen y –al menos públicamente– no se ha dado una explicación sobre el método que se ha estado siguiendo.

El documento que circula entre las estructuras del Partido expresa que sería un debate libre, donde todos deben opinar sobre lo que estimen y hacer las propuestas que consideren. Ese mismo documento no se ha publicado en la prensa del Partido y la forma en que se ha desarrollado hasta ahora el debate, que se aspira sea democrático, presenta algunas características que no favorecen ese propósito, a pesar del mucho interés que la militancia le está prestando en las bases y las esperanzas que ha despertado en los comunistas.

No se observa un tratamiento sistemático en la prensa del Partido sobre la forma en que se va conduciendo el debate, cuáles son las propuestas que están haciendo los militantes, cuáles las críticas que más se manifiestan, en qué sectores, cómo se comporta el debate en los medios directamente vinculados a la producción, cómo en el aparato de gobierno.

Está ocurriendo que nadie sabe lo que se plantea en otros núcleos, la información está compartimentada como si se tratara de secretos de Estado, cuando lo que se está debatiendo es de la máxima importancia para todo el pueblo y no sólo para los militantes del Partido, esa vieja practica burocrática sectaria del secretismo partidario.

El debate se realiza en los núcleos con la presencia de un instructor del Partido, elegido por nadie, designado por el organismo superior para "orientar" el debate. Las informaciones y propuestas de los núcleos suben al Municipio, de éste a la Provincia y de aquí al Comité Central, pero no se entrecruzan, con lo cual se mantiene la verticalidad burocrática que tanto daño hace al trabajo del Partido, propia de los sistemas de ordeno y mando de tipo militar que nada tienen que ver con la democracia que debe existir en el seno de la organización de vanguardia de los trabajadores.

Hasta ahora ha primado el debate libre en las reuniones efectuadas, pero ya hemos tenido noticias de que en algunos lugares los interesados en «cambiar todo para que nadie (sic) cambie», hacen el juego al enemigo que trata de entorpecer las propuestas de soluciones desde la base, desviando las discusiones a «nuestros problemas en el centro de trabajo», pretendiendo concentrar la discusión en temas anecdóticos como el abundante marabú y la falta de leche, o buscando culpables individuales, cuando de lo que se trata es de hurgar en las causas reales de nuestros problemas y proponer soluciones de fondo.

Algunos han llegado a endilgarle el cartelito de extremistas a los que proponen acelerar los procesos de socialización, cuando han sido precisamente los extremistas izquierdistas los que han tratado siempre –donde quiera que han estado– de concentrar para sí el poder, las decisiones, el control de la sociedad y los recursos, los que nunca han confiado en el pueblo y en los trabajadores y entienden la revolución como obra de unos pocos vanguardistas iluminados y no como lo que es, una realización de las masas. Igual, oportunistas partidarios del estancamiento califican de populistas propuestas que son clamores de los trabajadores y el pueblo, en tanto defienden medidas igualitaristas pequeño-burguesas, sí, populistas, que estimulan el lumpenproletariado, el socialismo, el nepotismo, la vagancia y la corrupción.

Los que pretendan en Cuba reeditar el desmonte de la Revolución a partir de la burocracia corrupta para restaurar el capitalismo, correrán la misma suerte que los mercenarios de Girón, los alzados en el Escambray y las bandas contrarrevolucionarias infiltradas, por las mismas razones que todos esos intentos fueron derrotados: el pueblo de Cuba ha luchado por –y quiere– el socialismo que es decir, en concreto, socialización de la propiedad y el excedente y no consignas liberales burguesas adormecedoras generales de bienestar, libertad e igualdad que sólo se verifican en papeles marchitos.

«Sin resolver los problemas generales no se pueden resolver los particulares», decía Lenin.

El fenómeno, ya se ha dicho, no son los burócratas, sino el burocratismo. Mientras exista el sistema burocrático de organización y dirección de la sociedad y los procesos de producción, habrá burócratas. Como los mosquitos, los burócratas desaparecerán cuando desaparezcan las condiciones que permiten su existencia. Hay que eliminar los criaderos.

Para que un debate sea verdaderamente democrático, como corresponde a los que debe realizar el Partido Comunista, es una necesidad que la prensa del Partido aborde abierta y claramente lo que está sucediendo, refleje directamente los resultados concretos de algunos de los debates en importantes centros de producción y servicios, presente a la militancia (para eso es el órgano del Partido, de todo el Partido, no de una parte de él) una estadística sistemática de cómo se van desarrollando las discusiones, temas que se abordan, tipos de propuestas, etc.

Los militantes tienen derecho a que sus criterios y propuestas no sean sólo del conocimiento de su estrecho núcleo, sino de toda la militancia restante del Partido.

Igual, la prensa del Partido debe reflejar posiciones concretas de militantes y dirigentes –no de los principales para evitar el «dirigismo y el consecuente seguidismo»– sobre lo que se viene debatiendo, de manera que se puedan conocer las posiciones que están sosteniéndose y sus argumentaciones, necesarias para el esclarecimiento de las propuestas.

Es lo que se llamaría una forma horizontal del debate, que permitiría que todas las instancias del Partido conozcan igual lo que se debate en Santiago de Cuba o en Pinar del Río, lo que manifiesta un núcleo campesino en Las Tunas, lo que señala un núcleo fabril en San Miguel de Padrón en La Habana o lo que analizó un núcleo de jubilados en Camagüey.

El periódico del Partido debería abrir un apartado específico que tenga por lo menos una página completa dedicada al debate, abierta a toda la militancia y a todos los ciudadanos, con una sección dedicada a aclaraciones teóricas que pudiera estar orientada por compañeros de la Escuela Nacional del Partido Ñico López.

Si el acceso a escribir en la prensa del Partido sólo lo tuvieran los periodistas y escritores partidarios del socialismo de Estado, nunca podría haber una discusión real, pues predominarían los criterios de los que quieren más de lo mismo, los que no aceptan más desarrollo en la teoría revolucionaria que los de su alcance, los partidarios de «perfeccionar lo que ya tenemos», «del socialismo posible», de los que creen que el empirismo puede sustituir el análisis científico que integra la teoría con la práctica, los que quisieran «que todo cambie, para que todo siga igual», los que quieren una religión en lugar de una ideología y una capilla de rezos en lugar de una discusión viva.

Corresponsales del *Granma* deberían estar reportando sobre las formas y los contenidos de las reuniones en los núcleos, el proceso que se efectúa en los municipios con la información que proviene de los núcleos, haciendo entrevistas a militantes y dirigentes de base, en fin, creando un ambiente que contribuya a los propósitos de que sea un proceso abierto y profundamente democrático como necesitamos.

Unas normas sobre este debate deberían dejar establecido que, al final del mismo, el Comité Central elaborara un informe estadístico cuantitativo y cualitativo sobre los planteamientos de las bases, las críticas y las propuestas, de manera que se asegure la transparencia del proceso. Esas normas garantizarían la confianza de todos en el debate.

Por último, partiendo de todas las sugerencias presentadas por las bases del Partido, la dirección debería confeccionar un conjunto de propuestas concretas que reflejen el consenso de la militancia y someterlas a la consideración de sus bases y luego a un referéndum nacional, toda vez que se supone que el resultado de este debate debe tener un incidencia determinante en el rumbo político económico y social que deberá seguir la

Revolución en los próximos años. Socialismo queremos la mayoría, pero, ¿qué socialismo?

Ya nuestro partido tuvo una muy importante experiencia en 1991 cuando el llamamiento democrático del compañero Raúl al IV Congreso, ocasión en que los militantes en las bases hicieron múltiples propuestas de gran trascendencia que nunca recibieron una respuesta, en algunos casos sirvieron para tomar represalias veladas contra compañeros que hicieron planteamientos que no complacieron a sectores de la burocracia, propuestas cuya consideración y aplicación la dirección del Partido decidió postergar indefinidamente a causa de la declaratoria del Período Especial.

Una estructura partidista marxista-leninista supone que sean las bases las que tomen las decisiones y que los órganos elegidos se limiten a cumplir y ejecutar las decisiones de los organismos a los cuales responden, esencia primaria del centralismo democrático, del cual observamos mucho la primera parte en detrimento de la segunda y más importante y que este proceso pudiera ayudar a rescatar en su integralidad.

Muchos militantes han manifestado su preocupación porque en esta ocasión suceda lo mismo que cuando el llamamiento de Raúl al IV Congreso y es una de las causas de que algunos decidan no participar y si lo hacen, lo hagan con resquemores y limitaciones. Hay que ofrecer toda la confianza necesaria para evitar esas suspicacias.

Un debate democrático entre comunistas precisa que sean tenidas en cuenta éstas y otras consideraciones metodológicas. Su carencia es caldo de cultivo para la manipulación, la desmovilización de la combatividad de los militantes y la usurpación de la soberanía política de las bases.

Entre forma y contenido debe haber una estrecha armonía. Si nos proponemos hacer un debate abierto y democrático, abierta y democrática tiene que ser la forma en que se realice, si no queremos que sea un discusión mediatizada, finalmente burocratizada y que termine en una desilusión más para la militancia, en las circunstancias actuales, muy peligrosa.

La dirección del Partido, que promovió este proceso y que por tanto está interesada en su feliz realización, y las bases comunistas y trabajadoras, las que en definitiva garantizarán la consolidación y avance del socialismo en Cuba, son las encargadas de dinamizar esta importante discusión y convertirla en un fenómeno revitalizador de la actual etapa de nuestra Revolución. Bienvenida esta discusión que debe resultar en importantes consecuencias para nuestro futuro.

Anexo II
El blog de Fidel

Proclama del presidente Fidel Castro al pueblo de Cuba[105]

Con motivo del enorme esfuerzo realizado para visitar la ciudad argentina de Córdoba, participar en la reunión del MERCOSUR, en la clausura de la Cumbre de los pueblos en la histórica Universidad de Córdoba y en la visita a Altagracia, la ciudad donde vivió el Che en su infancia y unido a esto asistir de inmediato a la conmemoración del 53 aniversario del asalto a los cuarteles Moncada y Carlos Manuel de Céspedes, el 26 de Julio de 1953, en las provincias de Granma y Holguín, días y noches de trabajo continuo, sin apenas dormir, dieron lugar a que mi salud, que ha resistido todas las pruebas, se sometiera a un estrés extremo, y se quebrantara; esto me provocó una crisis intestinal aguda con sangramiento sostenido que me obligó a enfrentar una complicada operación quirúrgica. Todos los detalles de este accidente de salud constan en las radiografías, endoscopias y materiales filmados. La opera-

105. Texto íntegro de la proclama de Fidel Castro, redactada el 31 de julio de 2006 y difundida el mismo día por Cubavisión.

ción me obliga a permanecer varias semanas de reposo, alejado de mis responsabilidades y cargos.

Como nuestro país se encuentra amenazado en circunstancias como ésta por el Gobierno de los Estados Unidos, he tomado la siguiente decisión:

1.– Delego con carácter provisional mis funciones como primer secretario del Comité Central del Partido Comunista de Cuba en el segundo secretario compañero Raúl Castro Ruz.

2.– Delego con carácter provisional mis funciones como comandante en jefe de las heroicas Fuerzas Armadas Revolucionarias en el mencionado compañero, general de Ejército Raúl Castro Ruz.

3.– Delego con carácter provisional mis funciones como presidente del Consejo de Estado y del Gobierno de la República de Cuba en el primer vicepresidente, compañero Raúl Castro Ruz.

4.– Delego con carácter provisional mis funciones como impulsor principal del Programa Nacional e Internacional de Salud Pública, en el miembro del Buró Político y ministro de Salud Pública, compañero José Ramón Balaguer Cabrera.

5.– Delego con carácter provisional mis funciones como impulsor principal del Programa Nacional e Internacional de Educación en los compañeros José Ramón Machado Ventura y Esteban Lazo Hernández, miembros del Buró Político.

6.– Delego con carácter provisional mis funciones como impulsor principal del Programa Nacional de la Revolución Energética en Cuba y de colaboración con otros países en este ámbito en el compañero Carlos Lage Dávila, miembro del Buró Político y secretario del Comité Ejecutivo del Consejo de ministros.

Los fondos correspondientes para estos tres programas, salud, educación y energético, deberán seguir siendo gestionados y priorizados, como he venido haciéndolo personalmente, por los compañeros Carlos Lage Dávila, secretario del Comité Ejecutivo del Consejo de Ministros,

Francisco Soberón Valdés, ministro Presidente del Banco Central de Cuba, y Felipe Pérez Roque, ministro de Relaciones Exteriores, quienes me acompañaron en estas gestiones y deberán constituir una comisión para ese objetivo.

Nuestro glorioso Partido Comunista, apoyado por las organizaciones de masas y todo el pueblo, tiene la misión de asumir la tarea encomendada en esta proclama.

La reunión Cumbre del Movimiento de Países No Alineados, a realizarse entre los días 11 y 16 de septiembre, deberá recibir la mayor atención del Estado y la Nación cubana para celebrarse con el máximo de brillantez en la fecha acordada.

El 80 aniversario de mi cumpleaños, que tan generosamente miles de personalidades acordaron celebrar el próximo 13 de agosto, les ruego a todos posponerlo para el 2 de diciembre del presente año, 50° aniversario del Desembarco del Granma.

Pido al Comité Central del Partido y a la Asamblea Nacional del Poder Popular el apoyo más firme a esta Proclama.

No albergo la menor duda de que nuestro pueblo y nuestra Revolución lucharán hasta la última gota de sangre para defender éstas y otras ideas y medidas que sean necesarias para salvaguardar este proceso histórico.

El imperialismo jamás podrá aplastar a Cuba.

La batalla de ideas seguirá adelante.

¡Viva la Patria! ¡Viva la Revolución!

¡Viva el Socialismo! ¡Hasta la victoria siempre!

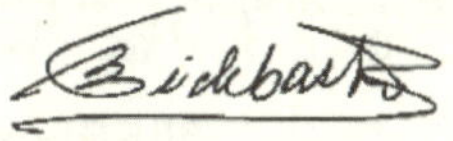

Fidel Castro Ruz
Comandante en Jefe
Primer Secretario del Partido y
Presidente de los Consejos de Estado y de
Ministros de la República de Cuba.

Julio 31 del 2006
6:22 P.M.

Nadie quiere agarrar el toro por los cuernos[106]

El 28 de marzo, hace menos de dos meses, cuando Bush, después de una reunión con los principales fabricantes norteamericanos de automóviles, proclamó su diabólica idea de producir combustible a partir de los alimentos, escribí la primera reflexión.

El jefe del imperio se jactó de que Estados Unidos, usando el maíz como materia prima, era ya el primer productor mundial de etanol. Cientos de fábricas se construían o ampliaban en su territorio con tal propósito.

Por esos días los países industrializados y ricos estaban acariciando ya la misma idea, mediante el empleo de todo tipo de cereales y semillas oleaginosas, incluidas las de girasol y soya, fuentes de excelentes proteínas y aceites.

Por ello escogí el título de aquella reflexión: *Condenados a muerte prematura por hambre y sed más de 3.000 millones de personas en el mundo*.

Los peligros para el medio ambiente y la especie humana eran un tema en el que venía meditando durante años. Lo que no imaginé nunca era la inminencia del riesgo. No se conocían todavía los nuevos datos de la ciencia sobre la celeridad de los cambios climáticos y sus consecuencias inmediatas.

El 3 de abril, después de la visita de Bush a Brasil, escribí mis reflexiones sobre *La internacionalización del genocidio*.

Advertí, al mismo tiempo, que las mortíferas y sofisticadas armas que se estaban produciendo en Estados Unidos y otros países podían poner fin a la vida de la especie humana en cuestión de días.

Si se fuera a buscar un respiro para la humanidad y darles una oportunidad a la ciencia y a la dudosa cordura de los que toman decisiones, no era necesario privar de

106. *Granma*, 23-05-2007.

alimentos a las dos terceras partes de los habitantes del planeta.

Hemos suministrado datos sobre el ahorro que significa la simple sustitución de bombillos incandescentes por bombillos fluorescentes a partir de cálculos aproximados. Son cifras seguidas por 11 y 12 ceros. La primera se corresponde con cientos de miles de millones de dólares en ahorro de combustible cada año, y la segunda con millones de millones de dólares en la inversión necesaria para producir esa electricidad simplemente cambiando bombillos, lo que significa menos del 10% del conjunto de gastos y considerable ahorro de tiempo.

Con toda claridad hemos expresado que las emanaciones de CO_2, aparte de otros gases contaminantes, conducían aceleradamente a un cambio climático rápido e inexorable.

No eran temas fáciles de abordar, por su contenido dramático y casi fatal.

La cuarta reflexión se tituló: *Lo que se impone de inmediato es una revolución energética*. Una prueba del derroche de energía en Estados Unidos y de la desigualdad de su distribución en el mundo es que en el año 2005 en China había menos de 15 automóviles por cada mil habitantes, en Europa 514 y en Estados Unidos 940.

Este último país, uno de los territorios más ricos en hidrocarburos, hoy sufre un gran déficit de petróleo y gas. Estos combustibles, decidió Bush, hay que extraerlos de los alimentos que se necesitan para los estómagos cada vez más hambrientos de los pobres de la Tierra.

El Primero de Mayo del 2006 finalicé mi discurso ante el pueblo con las siguientes palabras:

«Si los esfuerzos que hoy Cuba realiza los llevaran a cabo todos los demás países del mundo, ocurriría lo siguiente:

1.– Las reservas probadas y probables de hidrocarburos durarían el doble.

2.– Los elementos contaminantes que hoy lanzan éstos a la atmósfera se reducirían a la mitad.

3.– La economía mundial recibiría un respiro, ya que un enorme volumen de medios de transporte y equipos eléctricos deben ser reciclados.

4.– Una moratoria de quince años sin iniciar la construcción de nuevas plantas electronucleares podría ser proclamada».

El cambio de bombillos fue lo primero que hicimos en Cuba, y hemos cooperado con varios países del Caribe para llevarlo a cabo. En Venezuela, el Gobierno ha cambiado 53 millones de bombillos incandescentes por fluorescentes en más del 95% de los hogares que reciben electricidad. Las demás medidas de ahorro de energía se llevan a cabo resueltamente.

Todo lo que expreso ha sido probado.

¿Por qué se escuchan nada más que rumores sin que las direcciones de los países industrializados se comprometan abiertamente con una revolución energética, que implica cambios de conceptos e ilusiones sobre crecimiento y consumismo que han contagiado a no pocos países pobres?

¿Existe acaso alguna otra forma de enfrentar los gravísimos peligros que amenazan a todos?

Nadie quiere agarrar el toro por los cuernos.

Las mentiras y los embustes de Bush[107]

No me gusta la idea de parecer una persona vengativa y deseosa de acosar a un adversario. Me había prometido a mí mismo esperar un poco para ver cómo se desarrollaban las contradicciones entre Bush y sus aliados europeos sobre el tema vital del cambio de clima. Pero George W. Bush se pasó de rosca cuando hizo una

107. *Granma*, 08-06-2007.

declaración que conocimos por un cable de la AP del pasado viernes. El presidente de los Estados Unidos afirmó que llegará al Vaticano «con la mente abierta y con muchas ganas de escuchar al Papa», y aseguró que «con él comparte los valores del respeto por la vida, la dignidad del hombre y la libertad».

«La historia ha demostrado que las democracias no declaran guerras y, por tanto, la mejor manera para reforzar la paz es promover la libertad», agregó.

«Será la primera visita del mandatario norteamericano a Benedicto XVI. Su último viaje a Italia fue en abril de 2005 para los funerales del papa Juan Pablo II», señala la agencia.

En una reflexión dije que no sería yo el primero ni el último a quien Bush ordenó –o autorizó a sus agentes– que se le privara de la vida. Al conocer su inusitada declaración, pienso que si Bush ha leído alguna vez un libro de Historia, sería consciente de que allí, en la mismísima Roma, nació un imperio que nutrió el vocabulario del lenguaje político durante casi dos mil años, y nació también el Estado del Vaticano con el transcurso del tiempo, después de que Constantino promulgara el Edicto de Milán a favor de los adeptos de la religión cristiana, a principios del siglo IV de nuestra era.

Cuentan los historiadores que el césar Nerón, quien ordenó el incendio de la capital del imperio, exclamaba satisfecho en medio de la tragedia: «¡Qué gran poeta perece!».

¡Si los historiadores tuvieran razón! ¡Si Bush fuera poeta! ¡Si los habitantes del planeta fuesen sólo los de aquella época! ¡Si no existieran las armas nucleares, químicas, biológicas y otras de destrucción masiva!, aunque se tratara de un hecho triste, incluida la muerte del poeta, ¿quién se alarmaría por el incendio de lo que hoy sería sólo una gran aldea?

Es evidente que Roma todavía no está incluida en los sesenta o más oscuros rincones del mundo que las fuerzas militares de Estados Unidos deben estar listas para atacar preventiva y sorpresivamente, como proclamó Bush en West Point el primero de junio del 2002.

Bush pretende ahora embaucar al papa Benedicto XVI. La guerra de Iraq no existe, no cuesta un centavo, ni una gota de sangre, ni han muerto cientos de miles de personas inocentes en un desvergonzado trueque de vidas por petróleo y gas, impuesto por las armas a un pueblo del Tercer Mundo. Tampoco existen los riesgos de otra guerra contra Irán, incluidos posibles golpes nucleares tácticos para imponer la misma receta infame. Estamos todos obligados a creer que Rusia no se siente amenazada por una posible lluvia de proyectiles nucleares exterminadores y precisos, que dé lugar a una nueva y cada vez más peligrosa carrera armamentista.

Siguiendo el curso tórpido de sus groseras mentiras, podemos preguntarnos: ¿por qué Bush puso en libertad a un terrorista famoso y confeso como Posada Carriles el mismo día en que se conmemoraba el 45 aniversario de la derrota imperialista en Girón? Peor aún, ¿acaso le dolerá un ápice la injusticia de mantener presos, algunos hasta con dos cadenas perpetuas, a cinco héroes cubanos que informaban a su patria sobre planes terroristas?

¡Prohibido pensar que Bush ignoraba quién financió los incontables planes de asesinato contra Castro!

A Bush se le ha visto hacer extrañas y enajenadas muecas, mientras hablaba en actos oficiales ante senadores y representantes de Estados Unidos, jactándose de los enemigos que ha eliminado en virtud de órdenes personales. Creó centros oficiales de tortura en Abu Ghraib y la base naval de Guantánamo; sus agentes, actuando ilegalmente, secuestraban personas en numerosos países a donde los aviones de la CIA, en viajes secretos, volaban con o sin permiso de las autoridades pertinentes. La información debía ser obtenida mediante bien estudiadas torturas físicas.

¿Cómo se le ocurrió pensar que el papa Benedicto XVI compartiría con él los valores del respeto por la vida, la dignidad del hombre y la libertad?

¿Qué nos dice el Diccionario de la lengua española?

Embuste: mentira disfrazada con artificio.

Embaucar: engañar, alucinar, prevaliéndose del candor del engañado.

Prometí reflexiones breves y cumplo mi palabra.

Una respuesta digna[108]

Los hechos se suceden con increíble ritmo. A veces ocurren varios simultáneamente. Uno siente deseos o más bien necesidad de comentar alguno por su importancia intrínseca y su valor como ejemplo. No hablo hoy de lo ocurrido en Ginebra, que ha sido considerado un merecido triunfo revolucionario de los países del Tercer Mundo. Hablaré de la respuesta de Cuba al Consejo de Relaciones Exteriores de la Unión Europea, publicada el pasado viernes 22 de junio en la primera página de *Granma*.

Son palabras dignas de nuestra Revolución y su alta dirección política. Uno por uno fueron abordados y clarificados los puntos que debían recibir inmediata respuesta. Los enumero y reitero:

«1.– Con Cuba, sólo será posible un diálogo entre soberanos e iguales, sin condiciones ni amenazas pendientes. Si la Unión Europea desea algún diálogo con Cuba debe eliminar definitivamente dichas sanciones, que desde entonces resultaron inaplicables e insostenibles.

2.– Las "Conclusiones" tampoco mencionan la llamada "Posición Común", acordada de manera apresurada por los ministros de Finanzas de la Unión Europea en 1996 bajo la presión de Aznar y a partir de un borrador escrito en el Departamento de Estado norteamericano.

3.– Después de tantos errores y fracasos, la única conclusión obvia que correspondería sacar a la Unión Europea es que la llamada "Posición Común" debe desaparecer,

108. *Granma*, 27-06-2007.

porque no hubo ni hay razón alguna para que exista y porque impide sostener una relación normal, mutuamente respetuosa y de interés común con nuestro país.

4.– Un grupo de influyentes naciones europeas han realizado esfuerzos para cambiar esta ridícula situación. Otros, como la República Checa, se han consagrado como peones norteamericanos en el mapa europeo. Las "Conclusiones del Consejo" se inmiscuyen de manera calumniosa en asuntos estrictamente internos cubanos, emiten juicios y anuncian actos injerencistas e hipócritas que Cuba considera ofensivos, inaceptables y rechaza enérgicamente.

5.– Cuba es un país independiente y soberano y la Unión Europea se equivoca si cree que puede tratarlo de otra manera que como a un igual.

6.– La Unión Europea ha mostrado una persistente y humillante subordinación a los Estados Unidos que la incapacita para sostener posiciones basadas en los intereses europeos y la hace cómplice, aunque diga lo contrario, del criminal e inhumano bloqueo que éste aplica contra el pueblo cubano, y del que las "Conclusiones" no se atreven a decir una palabra.

7.– En la Cumbre que sostuvo en abril con Estados Unidos, la Unión Europea se plegó para cuestionar a Cuba y aceptó una mención que reconoce legitimidad al "Plan Bush". Son conocidos sus conciliábulos con mensajeros del imperio, incluso con el espurio interventor nombrado por los Estados Unidos para Cuba.

8.– La Unión Europea es vergonzosamente hipócrita cuando se dirige, injustamente, a Cuba pero calla sobre las torturas norteamericanas en la ilegal Base Naval de Guantánamo, que usurpa territorio cubano, y en Abu Ghraib, que se aplican incluso a ciudadanos europeos.

9.– Calla impúdicamente sobre los secuestros de personas por parte de los servicios especiales estadounidenses en terceros países y ha prestado su territorio para colaborar con los vuelos secretos de la CIA y para cobijar cárceles ilegales. No ha dicho nada tampoco sobre las decenas de personas desaparecidas en esas circunstancias ni sobre los cientos de miles de civiles asesinados en Iraq.

10.– Es a la Unión Europea a quien corresponde rectificar los errores cometidos con Cuba».

Aun a riesgo de convertir la reflexión en extensa, deseo añadir algunos elementos de juicio. La Unión Europea ha sido conducida por Washington a un callejón sin salida honorable. La Guerra Fría concluyó con la victoria del consumismo real del capitalismo desarrollado frente al ansia de consumo que éste despertó en amplias masas del campo socialista y de la propia Unión Soviética. Perdieron la batalla de ideas. Al pueblo ruso, eje central de la Revolución de Octubre, le arrancaron compromisos importantes que a su vez se acompañaban de acuerdos y garantías para su seguridad y soberanía: Europa fue liberada de más de cuatrocientos cohetes SS-20, como los calificaba la OTAN, que eran móviles, con tres ojivas nucleares cada uno, y apuntaban a todos los rincones de Europa donde había bases militares norteamericanas y fuerzas de la OTAN. En su embriaguez triunfalista, la agresiva alianza había acogido en su seno a muchas antiguas repúblicas socialistas europeas, algunas de las cuales, en busca de ventajas económicas, han convertido al resto de Europa en rehenes de su política exterior, sirviendo incondicionalmente los intereses estratégicos de Estados Unidos.

Cualquiera de los miembros de la Unión Europea puede bloquear una decisión. Tal sistema no funciona políticamente y merma en la práctica la soberanía de todos. La Unión Europea está ahora peor que el antiguo campo socialista. Ya se anuncia al vanidoso Blair, el constructor de submarinos sofisticados, amigo de Bush, como posible candidato futuro a la presidencia de la Unión. Los cables comunican que hoy ha sido designado Enviado Especial para el Medio Oriente, donde tanto contribuyó a la desastrosa guerra desatada por Estados Unidos.

En el tema energético se ve a los gobiernos europeos mendigar combustible en las pocas regiones donde el imperio no se ha apoderado de él por la fuerza, de la misma forma que compra con papeles cualquier empresa europea.

El euro es sin embargo una moneda sólida, mucho más que el dólar, que se devalúa constantemente. Aunque éste es defendido por los poseedores de bonos y billetes yanquis, el imperio corre los riesgos de un descalabro de dramáticas consecuencias económicas.

Por otro lado, Europa sería una de las áreas más afectadas por el calentamiento climático. Sus famosas y modernas instalaciones portuarias quedarían bajo el agua.

Hoy propone con desespero tratados de libre comercio con América Latina peores que los de Washington, buscando materias primas y biodiésel. Ya se escuchan críticas sobre el tema. Pero el dinero europeo no es de la comunidad, es de las transnacionales y en cualquier momento se marcha hacia los países con mano de obra barata buscando rentabilidad.

Con su altiva y digna respuesta, Cuba ha puesto el énfasis en lo fundamental.

Aunque toda buena estrategia incluye una buena táctica, ni una ni la otra son correctas si se tolera la altanería y la autosuficiencia.

Los propios europeos comprenderán un día a qué absurda situación los llevó el imperialismo y que un país del Caribe les haya dicho las verdades necesarias. El caballo desbocado del consumismo no puede seguir su loca carrera, porque es insostenible.

La última reunión de la Unión Europea sobre el futuro tratado comunitario fue una prueba más de la desmoralización reinante. La agencia AFP publicó el pasado domingo 24 de junio que «El jefe del gobierno italiano, Romano Prodi, expresó su "amargura" por la cumbre en Bruselas de los líderes de la Unión Europea, a los que acusó de haber dado el "espectáculo" de una Europa "sin emoción", en entrevista al periódico *La Repubblica* de este domingo».

«Como proeuropeo, siento amargura por el espectáculo que presencié», dijo Prodi, ex presidente de la Comisión Europea.

«El empeño de algunos gobiernos por negar cualquier aspecto emocional de Europa me duele», añadió, refiriéndose a Polonia, República Checa, Holanda y Gran Bretaña.

«Son los mismos gobiernos que reprochan a Europa estar lejos de los ciudadanos», consideró.

«Pero cómo hacemos para implicar a los ciudadanos sin sentimientos, cómo les podemos hacer sentirse orgullosos de ser europeos si se les niegan los símbolos como la bandera y el himno», se preguntó.

«Tony Blair lleva a cabo una batalla contra la Carta de Derechos Fundamentales», dijo.

Criticó al presidente polaco Lech Kaczynski, quien le dijo que no podía compartir sus posiciones porque Italia y Polonia «son pueblos muy distintos».

«Nunca los euroescépticos se manifestaron de forma tan explícita y programática como en la última cumbre», concluyó Prodi.

Bush en la reunión del G-8 les había lanzado a los europeos un cubo de agua helada.

En esta época decisiva no importa el número de enemigos, que serán cada vez menos, sino «el número de estrellas en la frente».

El Buen Dios me protegió de Bush[109]

Una inusual noticia apareció hace unos minutos a través de EFE y de REUTERS. Me atengo a la versión española: «Un día, el Buen Dios se llevará a Fidel Castro».

Esto no lo declaró en una piadosa iglesia. Tal como hizo en West Point, donde pronunció la famosa frase de

109. *Granma*, 29-06-2007.

lo que debían esperar decenas de oscuros rincones del mundo, nuestro hombre habló en la Academia de la Marina de Guerra ubicada en Newport. Respondía a una pregunta, claramente elaborada, sobre la situación en Latinoamérica que le hizo un graduado colombiano de la Academia. ¡Qué casualidad!

De inmediato, cual si estuviera ansioso por decir algo sobre Cuba y quejoso a la vez con el Buen Dios, añadió: «Sólo hay un país antidemocrático en nuestra vecindad y ése es Cuba. Creo firmemente que los cubanos deben vivir en una sociedad libre. Nos interesa que Cuba sea libre y les interesa a ellos que no tengan que vivir bajo una forma de gobierno anticuada que es represivo».

Antes había prometido: «Seguiremos presionando a favor de la libertad en Cuba».

Ni corto ni perezoso, el portavoz del Consejo de Seguridad Nacional de la Casa Blanca Gordon Johndroe, al preguntársele si Bush deseaba la muerte de Castro, respondió: «El presidente estaba hablando de un acontecimiento inevitable». Pareciera que el genial funcionario y su jefe van a vivir miles de años.

Ahora comprendo por qué sobreviví a los planes de Bush y de los presidentes que ordenaron asesinarme: el Buen Dios me protegió.

Autocrítica de Cuba[110]

La Dirección Nacional de la UJC acordó informar la siguiente medida cuando concluía su aplicación:

«El pasado sábado 7 de julio, el Buró Nacional de la Juventud Comunista decidió ajustar el plan de fuerzas a movilizar por las Brigadas Estudiantiles de Trabajo, bajo el principio de emplear a los estudiantes en tareas de orden social y recreativo, en número ajustado al mínimo

110. *Granma*, 10-07-2007.

necesario y en sus municipios de residencia, para evitar la transportación.

Tal decisión fue discutida el propio día con el Estado Mayor Nacional de las BET, conformado por las organizaciones estudiantiles y los organismos de la Administración Central del Estado, y también con las direcciones de la Juventud Comunista en todas las provincias.

Se hizo énfasis en la idea de un uso más racional de la fuerza a movilizar, el ahorro de recursos materiales, fundamentalmente combustible, y el propósito de que los estudiantes utilicen el tiempo en afianzar conocimientos, incorporar hábitos de lectura y debatir sobre temas de suma importancia.

Como resultado de las decisiones adoptadas, se moverán sólo 200.000 estudiantes en julio y agosto, de los 600.000 planificados inicialmente. No se efectuarán movilizaciones hacia campamentos agrícolas o escuelas en el campo cuya ubicación implica el uso de transporte y otros aseguramientos logísticos.

La convocatoria se hará este año por sólo siete días en labores relacionadas con tareas de la Revolución Energética, junto a los trabajadores sociales, tales como capacitación de la comunidad para una mejor cultura del ahorro, entrega de equipos electrodomésticos pendientes de distribuir y visitas a un número de núcleos familiares que, habiéndolos recibido y asumido las obligaciones pertinentes, no han cumplimentado el pago.

También estarán presentes en la lucha antivectorial, a fin de que no se introduzca de nuevo el dengue, y en la atención primaria y secundaria de salud, apoyando a policlínicos y hospitales.

La promoción de actividades culturales, recreativas y deportivas en las comunidades será otra de las tareas que acometerán los participantes en las Brigadas Estudiantiles de Trabajo.

La UJC promoverá entre los movilizados y el resto de los jóvenes el estudio y el debate».

No puedo menos que felicitar a la Dirección Nacional de la Unión de Jóvenes Comunistas, y también a los responsables de los departamentos de Organización e Ideológico del Partido que fueron consultados por la misma y apoyaron sin vacilar esta medida.

El trabajo físico no genera por sí mismo una conciencia. Cada trabajador es diferente. Su temperamento, su organismo, sus nervios, el tipo de trabajo que realiza, el rigor de éste, las condiciones en que invierte su fuerza –bajo el sol ardiente o en área climatizada–, si es a destajo o remunerado por un sueldo, si tiene hábitos de disciplina o no, si dispone de todas sus facultades mentales o padece de alguna discapacidad, escuelas en que estudió, maestros que tuvo, si es profesional o no la actividad a realizar, si el trabajador es de origen campesino o urbano. Algo muy importante: si maneja o distribuye bienes o servicios de cualquier tipo, quiénes son sus jefes, qué imagen proyectan, cómo hablan, cómo miran. Podría llenar páginas hablando de las diferencias individuales de cada trabajador. Por ello, lo que más requiere el ciudadano de nuestro país son los conocimientos, si se desea crear una conciencia.

El precepto martiano sobre la importancia de vincular el estudio y el trabajo en la formación del hombre, nos llevó en el pasado a promover la participación de los estudiantes universitarios e incluso alumnos de nivel medio superior en el trabajo físico. Ello fue, en primer lugar, una necesidad insoslayable. Había que sustituir el vacío que dejaban entonces los que masivamente abandonaban el campo de caña tan pronto aparecían otras oportunidades de empleo. El nivel promedio de conocimientos era muy bajo, aun después de la alfabetización, del auge masivo de la enseñanza primaria y más tarde de la secundaria básica. Nuestros jóvenes lo comprendieron y aportaron su esfuerzo con disciplina y entusiasmo.

Hoy se ha masificado la educación superior, que comenzó con los médicos y educadores, continuó con los trabajadores sociales, los de las ciencias informáticas, los instructores de arte, la universalización de los estudios universitarios para gran número de carreras. Hay que hacer trabajar las células del cerebro si se desea formar conciencia, tan necesaria en la complejidad del mundo actual.

El propósito de estudiar una o dos semanas, que este año será sólo siete días, con materiales adecuados que se les suministren, generará la satisfacción del tiempo bien empleado y la conciencia que con urgencia necesita nuestra sociedad.

Durante todo el año debemos mantenernos informados sobre las cuestiones esenciales y los detalles de lo que ocurre en Cuba y en el mundo.

En materia económica concreta, pienso que en cada país casi todos los ciudadanos ignoramos todo. Es ineludible conocer por qué sube el precio del petróleo, que el pasado lunes alcanzó cotizaciones de 77 dólares por barril; por qué suben los precios de los alimentos, como el trigo y otros, que por cuestiones de clima deben ser importados; si la causa de su elevación es permanente o coyuntural.

No todos los trabajadores tienen estímulos en pesos convertibles, una práctica que se generalizó en gran número de empresas durante el Período Especial, sin cumplir en no pocas ocasiones los requisitos mínimos comprometidos. No todos los ciudadanos reciben del exterior divisas convertibles, algo que no es ilegal, pero que a veces crea desigualdades y privilegios irritantes en un país que se esmera por los servicios vitales y gratuitos que ofrece a toda su población. No menciono las jugosas ganancias que hacían los que las transportaban clandestinamente, ni la forma en que nos tomaban el pelo transfiriendo los billetes norteamericanos a otras monedas para evitar las medidas de respuesta contra el dólar.

La falta real y visible de igualdad y la carencia de información pertinente da lugar a opiniones críticas, sobre todo en los sectores más necesitados.

Es indudable que en Cuba, los que de una u otra forma reciben pesos convertibles –aunque en estos casos son limitadas las sumas– o los ciudadanos que reciben divisas del exterior, adquieren a la vez servicios sociales esenciales gratuitos, alimentos, medicinas y otros bienes a precios ínfimos y subsidiados. Estamos, sin embargo, cumpliendo estrictamente nuestras obligaciones financieras precisamente porque no somos una sociedad de consumo. Se necesitan administradores serios, valientes y conscientes.

Los que gastan gasolina a diestra y siniestra con nuestro actual parque de vehículos de todo tipo; los que olvidan que los precios de los alimentos suben sostenidamente y que las materias primas para la agricultura y la industria, muchas de cuyas producciones se distribuyen a todos con precios subsidiados, deben adquirirse a precios de mercado; los que olvidan que el país tiene el deber sagrado de luchar hasta la última gota de sangre y debe gastar en materias primas y medios defensivos frente a un enemigo que monta guardia permanente, pueden comprometer la independencia y la vida de Cuba. ¡Con eso no se juega!

Los pelos se me pusieron de punta cuando hace pocos días un distinguido burócrata exclamó por televisión que ahora que el Período Especial se acabó enviaremos cada año más y más delegaciones para tal y más cual actividad.

¿De dónde habrá salido ese bárbaro?, me dije. Tal vez sea una donación que nos envía Sancho Panza desde su ínsula de Barataria.

En Cuba se alivió el Período Especial; pero el mundo ha caído en período muy especial, que está por ver cómo sale de él. Despilfarramos miles de millones de dólares en combustible. No sólo como gastadores de oficio, que es una tendencia natural, sino también por la necesidad de cambiar decenas de miles de antiguos motores soviéticos, de una época en que les sobraba la gasolina, por motores chinos muy ahorrativos con razonables facilidades de pago. Este programa se ha retrasado.

En la economía mundial los metales, igual que el petróleo, suben por encima de sus parámetros históricos, pero tienen caídas bruscas.

Nada puede, sin embargo, remediar en breve tiempo la necesidad de combustible para el transporte personal y público y los equipos agrícolas o de construcción. Todo está mecanizado en los países desarrollados. Cuentan los viajeros que ven levantarse una tras otra edificaciones de todo tipo, que no se detienen de día o de noche. Las ciudades se agigantan. Cada vez son más los millones de personas que necesitan agua potable, vegetales, frutas y alimentos proteicos, que otros deben producir y suministrar después de recorrer, a veces, grandes distancias. Necesitan además carreteras de tres o cuatro vías en cada dirección, puentes, obras ingenieras costosas. El menor incidente, el simple contacto lateral entre dos vehículos, lo paraliza todo. Cada día es mayor el gasto público y menor la ayuda al desarrollo.

Lo peor es que por cada mil personas hay más de quinientos automóviles individuales. En Estados Unidos casi mil. Viven o trabajan en lugares distantes. Cada uno con su garaje. Cada centro de trabajo con su parqueo.[111] No alcanzan las refinerías. Muchas necesitan ampliarse y además deben construirse nuevas plantas. La materia prima de la refinería es el petróleo; mientras más pesado más se requiere y hace tiempo que no aparecen grandes yacimientos del ligero. Una huelga en Nigeria, la guerra de Iraq, las amenazas a Irán, los viejos conflictos políticos en Europa, un maremoto, un ciclón, disparan los precios. Los viejos y nuevos grandes consumidores demandan cada vez más millones de barriles diarios. Crecen por supuesto simultáneamente los planes de construir nuevas plantas nucleares. No discuto ahora los efectos o peligros ambientales o climáticos, sino las incertidumbres que desatan en la economía real.

---

111. En Cuba, aparcamiento, parking.

Después de gastar una montaña de oro destruyendo a Vietnam, Nixon sustituyó el oro por billetes de papel, sin que apenas alguien se percatara de las consecuencias. Era tal el desarrollo tecnológico de Estados Unidos, su capacidad de producir mercancías industriales y agrícolas, y en especial su enorme poderío militar, que la sustitución del oro por billetes de papel no constituyó una tragedia. Se produjo una inflación de más del 10%, que fue controlada. Vino después el rearme de Estados Unidos sufragado con papeles, al final de la Guerra Fría, y la victoria de la sociedad consumista, que deslumbraba a las naciones con su orgía de bienestar aparente. Con papeles, el imperio adquirió gran parte de las riquezas del mundo, donde impone sus leyes, menospreciando la soberanía de las naciones.

El dólar fue perdiendo progresivamente su valor hasta llegar a menos del 6% en la década de los años setenta. Los expertos están desconcertados respecto a los fenómenos nuevos. Ninguno está seguro de lo que va a ocurrir.

¿Existen o no razones para profundizar en estos temas?

La llama eterna[112]

Ésta es una reflexión política. Para decirlo más exactamente: es otra proclama. Hoy se cumple un año exacto de la primera, el 31 de julio del 2006. Pero el año transcurrido vale por diez en cuanto a la posibilidad de vivir una experiencia única que me aportó información y conocimientos sobre cuestiones vitales para la humanidad, que he transmitido con toda honradez al pueblo de Cuba.

Ahora me acosan con preguntas sobre el momento en que volveré a ocupar lo que algunos llaman el poder, como si tal poder fuera posible sin independencia. Hay un poder real y destructivo en el mundo, emanado de un imperio decadente que a todos amenaza.

112. *Granma*, 01-08-2007.

El propio Raúl se ha encargado de responder que cada decisión importante a medida que me iba recuperando era consultada conmigo. ¿Qué haré? Luchar sin descanso como lo hice toda la vida.

Al cumplirse un aniversario de la Proclama, comparto con el pueblo la satisfacción de observar que lo prometido se ajusta a la inconmovible realidad: Raúl, el Partido, el Gobierno, la Asamblea Nacional, la Juventud Comunista y las organizaciones de masas y sociales, encabezadas por los trabajadores, marchan adelante guiados por el principio inviolable de la unidad.

Con la misma convicción, seguimos batallando sin tregua por liberar de cruel y despiadada prisión a los Cinco Héroes que brindaban información sobre los planes terroristas anticubanos de Estados Unidos.

La lucha debe ser implacable, contra nuestras propias deficiencias y contra el enemigo insolente que intenta apoderarse de Cuba.

Este punto me obliga a insistir en algo que no puede ser jamás olvidado por los dirigentes de la Revolución: es deber sagrado reforzar sin tregua nuestra capacidad y preparación defensiva, preservando el principio de cobrar a los invasores en cualquier circunstancia un precio impagable.

Que nadie se haga la menor ilusión de que el imperio, que lleva en sí los genes de su propia destrucción, negociará con Cuba. Por mucho que le digamos al pueblo de Estados Unidos que nuestra lucha no es contra él –algo muy correcto–, éste no está en condiciones de frenar el espíritu apocalíptico de su gobierno ni la turbia y maniática idea de lo que llaman «una Cuba democrática», como si aquí cada dirigente se postulara y eligiera a sí mismo, sin pasar por el riguroso tamiz de la abrumadora mayoría de un pueblo educado y culto que lo apoye.

En reflexión anterior mencioné nombres históricos: Martí, Maceo, Agramonte, Céspedes. Para el recuerdo permanente de la interminable lista de caídos en combate, o de los que lucharon y se sacrificaron por la Patria, Raúl encendió una llama que arderá eternamente, al cumplirse 50 años de la caída de Frank País, el joven héroe de 22 años cuyo ejemplo nos conmovió a todos. La vida sin ideas de nada vale. No hay felicidad mayor que la de luchar por ellas.

Los superrevolucionarios[113]

Leo cuidadosamente todos los días las opiniones sobre Cuba de agencias tradicionales de prensa, incluidas las de los pueblos que formaron parte de la URSS, las de la República Popular China y otras. Me llegan noticias de órganos de prensa escrita en América Latina, España y el resto de Europa.

El cuadro es cada vez más incierto ante el temor de una recesión prolongada como la de los años que siguieron a 1930. El gobierno de Estados Unidos recibió el 22 de julio de 1944 los privilegios otorgados en Bretton Woods a la potencia militar más poderosa, emitir el dólar como moneda internacional de cambio. La economía de ese país estaba intacta después de la guerra, en 1945, y disponía de casi el 70% de las reservas en oro del mundo. Nixon decidió unilateralmente, el 15 de agosto de 1971, suspender la garantía en oro por cada dólar emitido. Con eso financió la matanza de Vietnam en una guerra que costó más de 20 veces el valor real de las reservas en oro que le quedaban. Desde entonces la economía de Estados Unidos se sostiene a costa de los recursos naturales y los ahorros del resto del mundo.

La teoría del crecimiento continuo de la inversión y el consumo, aplicada por los más desarrollados a los países donde la inmensa mayoría es pobre, rodeada por lujos y derroches de una exigua minoría de ricos, no sólo es humillante sino también destructiva. Ese saqueo y sus desastrosas consecuencias son la causa de la rebeldía creciente

113. *Granma*, 04-09-2007.

de los pueblos, aunque muy pocos conozcan la historia de los hechos.

Las inteligencias más dotadas y cultivadas se incluyen en la lista de recursos naturales y están tarifadas en el mercado mundial de bienes y servicios.

¿Qué ocurre con los superrevolucionarios de la llamada extrema izquierda? Algunos lo son por falta de realismo y el agradable placer de soñar cosas dulces. Otros no tienen nada de soñadores, son expertos en la materia, saben lo que dicen y para qué lo dicen. Es una trampa bien armada en la que no debe caerse. Reconocen nuestros avances como quienes conceden limosnas. ¿Carecen realmente de información? No es así. Les puedo asegurar que están absolutamente informados. En determinados casos, la supuesta amistad con Cuba les permite estar presentes en numerosas reuniones internacionales y conversar con cuantas personas del exterior o del país deseen hacerlo, sin traba alguna de nuestro vecino imperial a sólo 90 millas de las costas cubanas.

¿Qué aconsejan a la Revolución? Veneno puro. Las fórmulas más típicas del neoliberalismo.

El bloqueo no existe, pareciera una invención cubana.

Subestiman la más colosal tarea de la Revolución, su obra educacional, el cultivo masivo de las inteligencias. Sostienen la necesidad de personas capaces de vivir realizando trabajos simples y rudos. Subestiman los resultados y exageran los gastos en inversiones científicas. O algo peor: se ignora el valor de los servicios de salud que Cuba presta al mundo, donde en realidad, con modestos recursos, la Revolución desnuda el sistema impuesto por el imperialismo, que carece de personal humano para llevarlo a cabo. Se aconsejan inversiones que son ruinosas, y los servicios que aportan, como el alquiler, son prácticamente gratuitos. De no haberse detenido a tiempo las inversiones extranjeras en viviendas, habrían construido decenas de miles sin más recursos que la venta previa de las mismas a extranjeros residentes en Cuba o en el exterior. Eran además empresas mixtas regidas por otra legislación creada para empresas productivas. No había límites para las facultades de los compradores como propietarios. El país suministraría los servicios a tales residentes o usuarios, para lo cual no se requieren los conocimientos de un científico o un especialista en informática. Muchos de los alojamientos podían ser adquiridos por los órganos de inteligencia enemigos y sus aliados.

No se puede prescindir de algunas empresas mixtas, porque controlan mercados que son imprescindibles. Pero tampoco se puede inundar con dinero el país sin vender soberanía.

Los superrevolucionarios que recetan tales medicamentos ignoran de forma deliberada otros recursos verdaderamente decisivos para la economía, como es la producción creciente de gas, que ya purificado se convierte en una fuente inestimable de electricidad sin afectar el medio ambiente y aporta cientos de millones de dólares cada año. De la Revolución Energética promovida por Cuba, de vital y decisiva importancia para el mundo, no se dice una palabra. Llegan todavía más lejos: ven en la producción cañera, un cultivo que se sostuvo en Cuba con mano de obra semiesclava, una ventaja energética para la isla, capaz de contrarrestar los elevados precios del diésel que derrochan sin freno los automóviles de Estados Unidos, Europa Occidental y otros países desarrollados. Se estimula el instinto egoísta de los seres humanos, mientras los precios de los alimentos se duplican y triplican.

Nadie ha sido más crítico que yo de nuestra propia obra revolucionaria, pero jamás me verán esperar favores o perdones del peor de los imperios.

El silencio de Aznar[114]

En una mesa redonda transmitida por la televisión cubana que tuvo lugar el 25 de abril de 2003, revelé que el entonces presidente del gobierno español José María Az-

114. *Granma*, 29-09-2007.

nar, aliado de la superpotencia en genocidios y masacres, se había reunido con el presidente William Clinton el 13 de abril de 1999, en un momento incierto de la guerra contra Yugoslavia, y le expresó textualmente:

«Si estamos en una guerra, hagámosla completamente, para ganarla y no sólo un poco. Si necesitamos persistir durante un mes, tres meses, hagámoslo. No entiendo por qué no hemos bombardeado todavía la radio y la televisión serbias».

Sobre esto, tanto Aznar como los voceros del gobierno de Estados Unidos, han guardado silencio. Todo lo que sigue se publica por primera vez. Otros materiales, tanto públicos como confidenciales, los utilizaré en sucesivas reflexiones.

[...]

«AZNAR: Voy a hablar sinceramente. Como ya dije al presidente Clinton, lo único que no puede pasar es que la OTAN no gane ahora. Ahora la OTAN se está jugando no ya su credibilidad sino su propia existencia. Si este conflicto se hubiera planteado hace 30 años, no hubiésemos intervenido. En Europa siempre ha habido limpiezas étnicas, enfrentamientos entre minorías y mayorías, disputas religiosas. Ahora ya esto no se puede permitir. Desde el punto de vista político, nunca estaremos a favor de la independencia de Kosovo por lo que dijimos antes».

Refiriéndose a Chirac, presidente de Francia, dijo:

«Le hablaré mañana en Bruselas. Cuando quiero tener un buen rato con Chirac, empiezo diciéndole que "estos americanos son realmente horribles". Hace tres semanas cené con él en el Elíseo. No sé qué le había pasado con ustedes, pero hablaba pestes. Le dije que bien, pero que yo no venía a hablar de eso».

«Mi idea es que para ganar esta guerra hay que cortar las comunicaciones entre el gobierno de Belgrado y el pueblo. Es vital cortar todas las comunicaciones de Serbia, radio, televisión y teléfono».

«Por otro lado, tenemos que reestructurar nuestra política de información. La política de información de la OTAN es un desastre. Damos la impresión de que nos hemos embarcado en una aventura y no en una guerra. Hay verdaderas lagunas en la comunicación. Hay que avanzar al máximo, cortar todos los suministros y las comunicaciones con paciencia».

«Hay que tener cuidado con Italia y con Grecia. Italia se está viendo muy afectada en su tráfico aéreo y turismo. D´Alema está haciendo un trabajo bueno, teniendo en cuenta sus circunstancias. No hay que dejarle que caiga en soluciones fáciles».

«Tenemos que incrementar la ayuda humanitaria. La contrapartida a los bombardeos es que nuestros ciudadanos perciban la eficacia de nuestra labor humanitaria».

«No tendría sentido cambiar de posición ahora. Ayer hablé con Annan. Le vi muy serio en sus planteamientos. Yo le insistí mucho en esto. Podemos ser flexibles pero no podemos dar la impresión de que la OTAN se retira».

«Podemos ser flexibles sobre si la OTAN dirigiría o no esa fuerza, pero no podemos contentarnos con la vuelta de los observadores de la OSCE (Organización para la Seguridad y la Cooperación en Europa). Además de visibilidad, debe haber garantía».

«Hay que mantener la estrategia, para ver si es posible que sea derrocado internamente». (Se refiere al presidente de Serbia, Slobodan Milosevic).

«Si algunos de sus generales temen que pueden ser acusados ante el Tribunal de La Haya, tal vez cooperen. Milosevic probablemente intentará lograr un acuerdo. Debemos tratar de que ese acuerdo sirva para debilitar y no para reforzar el poder».

«No tenemos que mencionar siquiera el tema de la operación terrestre».

«Todo el mundo comprende que se estén haciendo planes, lo contrario sería ilógico. Si nuestra estrategia actual no da resultado, habría que explorar otras. Hay que mantenerla sobre la mesa. Si todo lo que estamos haciendo sigue sin dar solución, en los próximos meses habrá que intervenir. Pero tendría que ser una acción no sólo limitada a Kosovo, sino que abarcaría otras zonas de la República Federativa de Yugoslavia entrando incluso a través de Bosnia y de Hungría. El presidente de Hungría es un líder joven e inteligente, me dijo que el éxito será imposible si no ocurre lo siguiente: Milosevic fuera del poder, Kosovo partido y revisión de la política en Bosnia Herzegovina con separación de las entidades; República Serbia unida a Serbia, parte croata a Croacia y parte musulmana independiente. No estoy de acuerdo con este planteamiento. Pero creo que la idea está ganando terreno en los países de la zona. Es muy difícil que los serbios y los albaneses puedan volver a vivir juntos de nuevo. Debemos seguir haciendo lo que estamos haciendo; pero llevamos ya muchos años en Bosnia y no sabemos cuándo podremos salir de allí. Tal vez los albaneses acepten la fórmula de una confederación pero será imposible si se mantiene Milosevic».

«Si no hay garantía de una cierta presencia serbia en las zonas que simbolizan el nacimiento de su civilización, no lo aceptarán. Surgirá el irredentismo sobre el "territorio a liberar"».

«Lo primero es ganar la guerra, y luego veremos».

[...]

Le pido al señor Aznar que diga si es o no cierto que aconsejó al presidente Clinton el 13 de abril de 1999 bombardear la radio y la televisión serbias.

El Che[115]

Hago un alto en el combate diario para inclinar mi frente, con respeto y gratitud, ante el combatiente excepcional que cayó un 8 de octubre hace 40 años. Por el ejem-

115. *Granma*, 08-10-2007.

plo que nos legó con su Columna Invasora, que atravesó los terrenos pantanosos al sur de las antiguas provincias de Oriente y Camagüey perseguido por fuerzas enemigas, libertador de la ciudad de Santa Clara, creador del trabajo voluntario, cumplidor de honrosas misiones políticas en el exterior, mensajero del internacionalismo militante en el este del Congo y en Bolivia, sembrador de conciencias en nuestra América y en el mundo.

Le doy las gracias por lo que trató de hacer y no pudo en su país de nacimiento, porque fue como una flor arrancada prematuramente de su tallo.

Nos dejó su estilo inconfundible de escribir, con elegancia, brevedad y veracidad, cada detalle de lo que pasaba por su mente. Era un predestinado, pero él no lo sabía. Combate con nosotros y por nosotros.

Ayer se cumplió el 31 aniversario de la matanza de los pasajeros y tripulantes del avión cubano hecho estallar en pleno vuelo, y nos adentramos en el décimo aniversario del cruel e injusto encarcelamiento de los cinco héroes antiterroristas cubanos. Ante todos ellos inclinamos igualmente nuestras frentes.

Con mucha emoción vi y escuché por la televisión el acto conmemorativo.

Bush, el hambre y la muerte[116]

Por primera vez, antes de que como cada año se discuta en la ONU el proyecto de resolución cubano de condena al bloqueo, el presidente de Estados Unidos anuncia que adoptará nuevas medidas para acelerar el «período de transición» en nuestro país, que equivale a la reconquista de Cuba por la fuerza.

Por otro lado, el peligro de una hambruna mundial en masa se agrava con la iniciativa reciente del señor Bush de convertir los alimentos en combustible mientras, in-

116. *Cuba Debate*, 23-10-2007.

vocando principios estratégicos de seguridad, amenaza a la humanidad con una Tercera Guerra Mundial, que esta vez sería con armas atómicas.

Tales temas de importancia vital son los que interesan a los representantes de los países que estarán reunidos el martes 30 de octubre para discutir el proyecto cubano de condena al bloqueo.

En unas elecciones donde el ejercicio del voto no es obligatorio, nuestro pueblo acaba de pronunciar su veredicto mediante la participación de más del 95% de los electores en 37.749 puntos de votación, en urnas custodiadas por colegiales. Ése es el ejemplo que Cuba ofrece.

El debate de la Cumbre[117]

Las paredes, la distancia y el tiempo se redujeron a cero. Parecía irreal. Nunca había tenido lugar un diálogo parecido entre Jefes de Estado y de Gobierno, que en casi su totalidad representaban países saqueados durante siglos por el coloniaje y el imperialismo. Ningún hecho podía ser más didáctico.

El sábado 10 de noviembre de 2007 pasará a la historia de nuestra América como el día de la verdad.

El Waterloo ideológico ocurrió cuando el rey de España le preguntó a Chávez de forma abrupta: «¿Por qué no te callas?». En ese instante todos los corazones de América Latina vibraron. El pueblo venezolano, que debe responder sí o no el próximo 2 de diciembre, se estremeció al vivir de nuevo los días gloriosos de Bolívar. Las traiciones y los golpes bajos que recibe diariamente nuestro entrañable hermano, no harán cambiar ese sentimiento de su pueblo bolivariano.

Al llegar Chávez al aeropuerto de Caracas, procedente de Chile, y escuchar directamente de su boca los planes de mezclarse con las multitudes, como lo ha hecho

117. *Granma*, 12-11-2007.

tantas veces, comprendí con absoluta claridad que, dadas las circunstancias actuales y la victoria ideológica de gran trascendencia obtenida por él, un asesino a sueldo del imperio, un oligarca envilecido por los reflejos que sembró la maquinaria de publicidad imperial, o un perturbado mental, podrían poner fin a su vida. Es imposible apartarse de la impresión de que el imperio y la oligarquía se esmeran por conducir a Chávez a un callejón sin salida poniéndolo fácilmente al alcance de un disparo.

En el caso de Venezuela, la victoria no se debe convertir en terrible revés sino en victoria mucho mayor, para evitar que el imperialismo conduzca al suicidio a nuestra especie. Hay que seguir luchando y corriendo riesgos, pero no jugar todos los días a la ruleta rusa o al cara o cruz de una moneda. Nadie escapa de los cálculos matemáticos.

En tales circunstancias deben usarse preferiblemente los medios modernos de comunicación que transmitieron al mundo en vivo y en directo los debates de la cumbre.

El Waterloo ideológico[118]

Tengo muchas reflexiones adelantadas en virtud de promesas. Una de ellas se relaciona con las ideas esenciales del libro de Greenspan, ex presidente de la Reserva Federal, utilizando sus propias palabras. En ese texto se puede percibir con claridad la pretensión imperialista de seguir comprando al mundo y sus recursos naturales y humanos pagando con billetes de papel perfumados.

Otra idea era la de obligar a determinados personajes a confesar la verdad sobre los planes de guerra de la OTAN. Emplazaba directamente al señor Aznar y presionaba a líderes norteamericanos para que admitieran abiertamente su responsabilidad en las guerras del imperio. Mostraba pruebas documentadas, algunas inéditas.

118. *Cuba Debate*, 15-11-2007.

Vino la Cumbre Iberoamericana, y allí ardió Troya. El discurso adicional, invertebrado e inoportuno de Zapatero, su defensa de Aznar, la orden abrupta del rey de España y la respuesta dignísima del presidente de Venezuela, que por causas técnicas ni siquiera pudo oír con precisión lo que el rey dijo, aportaron pruebas irrebatibles de las conductas y los métodos genocidas del imperio, sus cómplices y las anestesiadas víctimas del Tercer Mundo.

En aquel ambiente tenso brilló la inteligencia y la capacidad dialéctica de Chávez.

Una frase de Aznar sintetiza su alma celestina. Cuando Chávez le preguntó por la suerte que esperaba en el mundo neoliberal a los pueblos pobres como el de Haití, respondió textualmente:

«Ésos se jodieron».

Conozco bien al líder bolivariano: jamás olvida las frases que directamente escucha de sus interlocutores.

Escribí una tercera reflexión sobre la Cumbre Iberoamericana que por ahora no publico. Elaboré ésta, en víspera del viaje que inicia mañana rumbo a la Cumbre de la OPEP, en Riad, Arabia Saudita, el presidente Chávez.

Índice onomástico

Índice

Otros títulos de esta colección

ENSAYO

Mumia Abu-Jamal
- *Brota la vida*
- *Desde la Galería de la muerte*

Gerry Adams
- *Hacia la libertad de Irlanda*
- *La búqueda de la paz*

Dario Azzellini
- *El negocio de la guerra*

Carlos Aznárez
- *Los sueños de Bolívar en la Venezuela de hoy*

Juan Antonio Blanco
- *Tercer Milenio*

Tomás Borge
- *Un grano de maíz. Hablando con Fidel*

Fidel Castro
- *La historia me absolverá*
- *Mañana será demasiado tarde*
- *La honda de David. Cuba frente al Nuevo Orden (conversaciones con Fidel Castro)*
- *De Seattle al 11 de septiembre*

Ernesto *Che* Guevara
- *Diario de Bolivia*
- *Textos revolucionarios*
- *La guerra de guerrillas*
- *Pasajes de la guerra revolucionaria*

Noam Chomsky
- *Mantener la chusma a raya*
- *Las intenciones del Tío Sam*
- *El mundo después de Iraq*

Karlheinz Deschner
- *El credo falsificado*

Heinz Dieterich
- *Cuba ante la razón cínica*
- *Curar en Cuba*

Iñaki Errazkin
- *Y en eso se fue Fidel*

Frantz Fanon
- *Los condenados de la tierra*

Txema García
- *El Salvador. De la lucha armada a la negociación*

Manuel García Viñó
- *El País: la cultura como negocio.*

Serge Halimi
- *Los nuevos perros guardianes. Periodistas y poder*

Madres de Plaza de Mayo
- *Ni un paso atrás*

Nelson Mandela
- *Un ideal por el cual vivo*

Subcomandante Marcos
- *Los del color de la tierra*

José Martí
– *Contra España*

Roberto Massari
– *Che Guevara. Pensamiento y política de la utopía*

Luis Alberto Matta Aldana
– *Colombia y las FARC-EP Origen de la lucha guerrillera Testimonio del Comandante Jaime Guaraca*

OLP/MNU de la Intifada
– *Intifada. La voz del levantamiento palestino*

Fundación José Peralta
– *La rebelión del arco iris*

Guido Piccoli
– *El sistema del pájaro*

Ricardo E. Rodríguez Sifrés
– *El desafío de Ben Laden*

Edward W. Said
– *Gaza y Jericó. Pax americana*
– *Palestina: paz sin territorios*

Jacqueline Sammali
– *Ser kurdo, ¿es un delito?*

James C. Scott
– *Los dominados y el arte de la resistencia*

Andrés Sorel
– *La guerrilla antifranquista*
– *Siglo XX. Tiempo de canallas*

Maurice Verzele
– *La muerte sin dolor. Suicidio y eutanasia*

Immanuel Wallerstein
– *La decadencia del imperio. EEUU en un mundo caótico*

Noam Chomsky, Heinz Dieterich
– *La Aldea Global*

Froilán González, Adys Cupull
– *Amor revolucionario. Celia, la madre del Che*

James Petras, Steve Vieux
– *La historia terminable. Sobre democracia, mercado y revolución*

Carlos Aznárez, Javier Arjona
– *Rebeldes sin Tierra. Historia del MST de Brasil*

Robert Ali Brac de la Perrière, Franck Seuret
– *Plantas transgénicas La amenaza del siglo XXI*

VVAA

– *Nuestra América contra el V Centenario*

– *Chiapas insurgente. 5 ensayos sobre la realidad mexicana*

– *El Nuevo Orden Mundial o la Conquista Interminable*

– *Terrorismo de Estado. El papel internacional de EEUU*

– *Perestroika. La revolución de las esperanzas*

– *El año que estuvimos en ninguna parte*

– *Fin del capitalismo global. El Nuevo Proyecto Histórico*

BIOGRAFÍA

Gerry Adams
– *Antes del amanecer*

Arturo Alape
– *Manuel Marulanda, Tirofijo*

Autobiografía
– *Malcolm X. Vida y voz de un hombre negro*Osvaldo Bayer

– *Severino Di Giovanni. El idealista de la violencia*

Katiuska Blanco
– *Todo el tiempo de los cedros.*

Brendan Beham
– *Confesiones de un rebelde irlandés*

Carlos *Calica* Ferrer
– *De Ernesto al* Che

María López Vigil
– *Camilo camina en Colombia*

Helmut Ortner
– *Sacco y Vanzetti. El enemigo extranjero*

Leonard Peltier
– *Mi vida es mi Danza del Sol*

Mario Scialoja
– *Renato Curcio. A cara descubierta*

María José Silveira
– *Eleanor Marx, hija de Karl*

Pramoedya Ananta Toer
– *Canción triste de un mudo*

Ruth Werner
– *Olga. La roja inolvidable*

Gretchen Wilson
– *Con todas sus fuerzas*

Elizabeth Subercaseux, Malú Sierra
– *Evo: Despertar indígena*

NARRATIVA

André-Marcel Adamek
– *El pájaro de los muertos*

Marie-Célie Agnant
– *El libro de Emma*Germano Almeida

– *Historias de dentro de casa*

Eduardo Antonio Parra
– *Parábolas del silencio*

Fernando Arias
– *Pájaros de altura*

Salwa Bakr
– *El carro dorado*
– *Las artimañas de los hombres y otras historias*

Gioconda Belli
– *La mujer habitada*
– *Sofía de los presagios*
– *El país bajo mi piel. Memorias de Amor y Guerra*

Frei Betto
– *El día de Angelo*

Juan Antonio de Blas
– *Michael Collins: Día de Ira*

Miguel Bonasso
– *La memoria en donde ardía*
– *Recuerdo de la muerte*

Madeleine Bourdouxhe
– *La mujer de Gilles*

Omar Cabezas
– *Canción de amor para los hombres*
– *La montaña es algo más que una inmensa estepa verde*

Paulina Chiziane
– *Vientos del Apocalipsis*

Francisco Coloane
– *El Guanaco Blanco*

Mia Couto
– *Cronicando*
– *Voces anochecidas*

Osamu Dazai
– *El ocaso*

Ramón Díaz Eterovic
– *Ángeles y solitarios*
– *Nunca enamores a un forastero*

Giuseppe Fava
– *Mafia. Historias a la sombra del Poder*

Vernella Fuller
– *Mujeres poco corrientes*

Juan José Garfia
- *Adiós prisión*

Patricia Grace
- *Potiki*

Zhang Jie
- *Galera*

Françoise Kesteman
- *Morir por Palestina*

Sahar Khalifeh
- *Cactus*

Jamaica Kincaid
- *Un pequeño lugar*
- *Autobiografía de mi madre*

Elina Malamud, Héctor E. Dinsmann
- *Los pueblos del ámbar*

Manuel Jorge Marmelo
- *Las mujeres deberían llevar libro de instrucciones*

X. L. Méndez Ferrín
- *En el vientre del silencio*

Malika Mokeddem
- *Los hombres que caminan*
- *El siglo de las langostas*
- *La prohibida*

Patrick Mosconi
- *El canto de la muerte por un dolor apache*

Émile Ollivier
- *Pasos*

José Emilio Pacheco
- *Las batallas en el desierto*

Eduardo Antonio Parra
- *Tierra de nadie*
- *Los límites de la noche*
- *Nadie los vio salir*

Shahrnush Parsipur
- *Mujeres sin hombres*

Senel Paz
- *Fresa y chocolate*

Gilles Perrault
- *La Orquesta Roja*

Artur Pestana, *Pepetela*
- *Mayombe*
- *La generación de la utopía*

James Petras
- *Escribiendo historias*

Elena Poniatowska
- *Las siete cabritas*
- *Luz y Luna, las lunitas*
- *Tlapalería*

José Revueltas
- *La palabra sagrada*

Sonia Rivera-Valdés
- *Las historias prohibidas de Marta Veneranda*

Ricardo E. Rodríguez Sifrés
- *¿Cuántas veces en un siglo mueve las alas el colibrí?*
- *La ruta del esqueleto*

Francisco Rojas
- *El diosero y otros relatos indígenas*

Tabajara Ruas
- *Persecución y cerco de Juvencio Gutiérrez*

Yuri Rytcheau
- *Cuando la ballena se va*

Suzan Samanci
- *Hêlîn olía a resina*

Moacyr Sclair
- *El ejército de un hombre solo*

Marcela Serrano
- *Nosotras que nos queremos tanto*
- *Para que no me olvides*

John Steinbeck
- *La luna se ha puesto*

Paco Ignacio Taibo II
- *La bicicleta de Leonardo*
- *La vida misma*
- *Sintiendo que el campo de batalla*

– Sombra de la sombra
– Que todo es imposible
– Doña Eustolia blandió el cuchillo cebollero

Urbano Tavares
– Bastardos del sol

Ngugi wa Thiong'o
– El diablo en la cruz

Bernard Thomas
– La Belle Époque de la Banda de Bonnot
– Jacob. Recuerdos de un rebelde

Manuel Tiago
– Hasta mañana, camaradas

Pramoedya Ananta Toer
– Hacia el mañana
– Hijo de todos los pueblos
– La casa de cristal
– Tierra humana

Lev Tolstoi
– Hadzi Murat

B.Wongar
– Walg. Regreso a la vida

Mirta Yáñez
– Habaneras

Yusuf Yeshilöz
– Viaje al crepúsculo

Patxi Zamoro
– A ambos lados del muro

Ernesto *Che* Guevara, Alberto Granado
– Viaje por Sudamérica

Mauricio Rosencof, Eleuterio Fernández Huidobro
– Memorias del calabozo

Aurkeztu dizugun liburuaren eduki, itxura edo inprimaketari buruzko iritzia guri helarazi nahi izanez gero, bidal iezaguzu. Zinez eskertuko dizugu.

La Editorial le quedará muy reconocida si usted le comunica su opinión acerca del libro que le ofrecemos, así como sobre su presentación e impresión. Le agradecemos también cualquier otra sugerencia.

EDITORIAL TXALAPARTA S.L.
Navaz y Vides 1-2
Apartado de correos 78
31300 TAFALLA
Nafarroa
Tfno.: 948 70 39 34
Fax: 948 70 40 72
txalaparta@txalaparta.com
www.txalaparta.com

Este libro,
Y en eso se fue Fidel
se terminó de imprimir en enero de 2008
en los talleres de Gráficas Lizarra
sobre papel ahuesado de 80 g/m^2,
utilizándose para su composición
la versión para fotomecánica del tipo Novarese
creado por Aldo Novarese en 1980.